Francisco de Rojas Zorrilla

Casarse por vengarse

Barcelona **2024**
Linkgua-ediciones.com

Créditos

Título original: Casarse por vengarse.

© 2024, Red ediciones S.L.

e-mail: info@linkgua.com

Diseño de cubierta: Michel Mallard

ISBN tapa dura: 978-84-9897-303-7.
ISBN rústica: 978-84-9816-216-5.
ISBN ebook: 978-84-9897-139-2.

Cualquier forma de reproducción, distribución, comunicación pública o transformación de esta obra solo puede ser realizada con la autorización de sus titulares, salvo excepción prevista por la ley. Diríjase a CEDRO (Centro Español de Derechos Reprográficos, www.cedro.org) si necesita fotocopiar, escanear o hacer copias digitales de algún fragmento de esta obra.

Sumario

Créditos _____ 4

Brevísima presentación _____ 7
   La vida _____ 7

Personajes _____ 8

Jornada primera _____ 9

Jornada segunda _____ 47

Jornada tercera _____ 93

Libros a la carta _____ 137

Brevísima presentación

La vida

Francisco de Rojas Zorrilla (Toledo, 1607-Madrid, 1648). España.
Hijo de un militar toledano de origen judío, nació el 4 de octubre de 1607. Estudió en Salamanca y luego se trasladó a Madrid, donde vivió el resto de su vida. Fue uno de los poetas más encumbrados de la corte de Felipe IV. Y en 1645 obtuvo, por intervención del rey, el hábito de Santiago.
Empezó a escribir en 1632, junto a Pérez Montalbán y Calderón de la Barca, la tragedia El monstruo de la fortuna. Más tarde colaboró también con Vélez de Guevara, Mira de Amescua y otros autores.
Felipe IV protegió a Rojas y pronto las comedias de éste fueron a palacio; su sátira contra sus colegas fue tan dura al parecer que alguno de los ofendidos o algún matón a sueldo le dio varias cuchilladas que casi lo matan. En 1640, y para el estreno de un nuevo teatro construido con todo lujo, compuso por encargo la comedia Los bandos de Verona. El monarca, satisfecho con el dramaturgo, se empeñó en concederle el hábito de Santiago: las primeras informaciones no probaron ni su hidalguía ni su limpieza de sangre, antes bien, la empañaron; pero una segunda investigación que tuvo por escribano a Quevedo, mereció el placer y fue confirmado en el hábito (1643). En 1644, desolado el monarca por la muerte de su esposa Isabel de Borbón y poco más tarde por la de su hijo, ordenó clausurar los teatros, que no se abrirían ya en vida de Rojas Zorrilla, muerto en Madrid el 23 de enero de 1648.

Personajes

Blanca, dama
Enrique, infante de Sicilia
Roberto, padre de Blanca
El condestable de Sicilia
Cuatrín, gracioso
Rosaura, dama
Silvia, criada

Jornada primera

(Selva.)

(Sale Blanca.)

Blanca
>Pardo risco de sauces coronado
>alegre y fértil prado,
>por quien aquella selva, esta ribera
>todo el año es florida primavera;
>arroyuelo sonoro,
>vihuela de cristal con trastes de oro,
>que huyendo de esa fuente
>apresurado al mar, tan imprudente,
>dejas de esa campaña el azul raso,
>que aún no es tu Oriente, cuando ya es tu ocaso;
>sabed (si os enternece cuanto lloro)
>que a Enrique, infante de Sicilia, adoro.
>Arpadas y sonoras, dulces aves,
>que cantando suaves,
>flores con voz os juzga ese elemento,
>o copos que ha llovido el Sol al viento;
>sabed (si os enternece cuanto lloro)
>que a Enrique, infante de Sicilia, adoro.

(Sale Enrique por otra puerta.)

Enrique
>Monte Olimpo eminente,
>tú que al cielo te pones frente a frente,
>y dándole desmayos,
>mendigo, en resplandor le bebes rayos,
>vidrieras del Sol, nubes, ofensas
>del viril celestial, que a trechos densas,
>para eclipsar la luz al claro día

chupáis humores a la tierra fría;
sabed (si os enternece cuanto lloro)
que a Blanca, fénix de Sicilia, adoro.
Árboles matizados de colores,
verde murta, alta hiedra, humildes flores,
bosque alegre y sombrío,
tesorero que guardas el rocío
que en perlas te entregó la blanca Aurora,
y al dar cuenta la paga se mejora,
pues si en letras de aljófar lo ha librado
en plata se lo pagas a este prado;
sabed (si os enternece cuanto lloro)
que a Blanca, fénix de Sicilia, adoro.

Blanca En hora buena, Señor
noble Infante, dulce hechizo
de un alma en quien firme muero,
de un pecho en quien roca vivo,
seas venido a mis ojos;
que estoy tan poco conmigo
cuando en los tuyos no estoy,
que si me busco, es preciso
o en ti mismo hallarme yo
o que me bailes en ti mismo.

Enrique Pues yo mirándome en ti,
tan otro en mí me imagino,
que porque sé que me quieres,
a quererte más me animo;
y aún no sé a cuál quiero más
de los dos, pues necesito
de elección en la igualdad,
que estando los dos unidos,
yo en ti, como prenda tuya,

　　　　　　　　tú en mí, como cielo mío,
　　　　　　　　no sé si he de querer más,
　　　　　　　　suspenso, amante y remiso,
　　　　　　　　o a mí porque tú me quieres
　　　　　　　　o a ti, porque a ti me inclino.

Blanca　　　　　Dejemos los argumentos,
　　　　　　　　y los discursos prolijos,
　　　　　　　　pues no digo cuanto siento,
　　　　　　　　aunque cuanto alcanzo digo;
　　　　　　　　en aquesta quinta hermosa
　　　　　　　　que alinda al mar cristalino
　　　　　　　　y con las nubes soberbias
　　　　　　　　frisan sus techos pajizos,
　　　　　　　　nos hemos criado juntos,
　　　　　　　　porque el Rey, tu hermano invicto,
　　　　　　　　te aborreció por decretos
　　　　　　　　que observan los astros limpios.
　　　　　　　　Mi padre, Roberto, aquí
　　　　　　　　te ha criado como a hijo,
　　　　　　　　y desde nuestras niñeces
　　　　　　　　parece que nos leímos
　　　　　　　　las almas, pues tan conformes
　　　　　　　　amantes hemos vivido,
　　　　　　　　que siendo iguales en todo,
　　　　　　　　en el campo parecimos
　　　　　　　　dos flores que de una mata
　　　　　　　　despliega el fresco rocío.
　　　　　　　　Ya, pues, creciendo la edad,
　　　　　　　　crecieron los albedríos,
　　　　　　　　y como en distintos cuartos
　　　　　　　　estamos los dos, rompimos
　　　　　　　　esta pared para vernos;
　　　　　　　　y está con tal artificio

dispuesta, y tan bien trazado,
que no ha de haber, imagino,
por la destreza del arte,
imaginación ni indicio
de que podamos abrirla
como si fuera un postigo;
porque aunque está por defuera
blanqueada, la dispusimos
de manera por de dentro,
que de este jardín florido
de noche a mi cuarto pasas
por ella; pero no ha habido
niebla que pueda turbar
las luces del honor mío.
En efecto, ilustre Infante,
hoy tanto en tu amor confío,
que quiero (pues que mi padre
está en Palermo, y te obligo
amante como yo misma)
que te desposes conmigo,
pues si en sangre no te excedo,
que no me excedes colijo;
la ocasión se nos ofrece,
tú me quieres, yo te obligo,
me estimas, yo te adoro,
tú me adoras, yo te, imito.
rompamos dificultades
atropellemos peligros,
yo cumpliré con mi amor,
tú conmigo habrás cumplido.
Mas si confuso te apartas,
si te disculpas remiso,
habré pensado inconstante,
recelosa habré temido,

que son falsos tus requiebros,
que ha sido tu amor fingido,
basiliscos tus razones,
y tus lisonjas hechizos.
Mira, pues, qué me respondes,
mi vida dejo a tu arbitrio,
o correspóndeme, ingrato,
o admíteme agradecido.

Enrique	Ofensa, más que lisonja,
agravio, más que amor fino,
poca fe, más que firmeza,
de tus razones colijo;
¿tú dudas, tú te confundes,
cuando conoces que he sido
en quererte más constante
que aquel empinado risco,
que hecho puntal de diamante
sustenta a esos epiciclos?
¿Para qué quieres que ausente
tu padre intente delitos,
que en el achaque de honor
pueden parecer peligros?
Hoy vendrá ya de Palermo,
y al mismo instante imagino
pedirte; no te receles,
deja discursos prolijos,
que hermosura y desconfianza
hacen efectos distintos.
¿Quieres ver cómo no puedo
ser señor de mi albedrío?
¿Cómo he de adorarte siempre?
¿Cómo constante y activo,
si Fénix muero en tus rayos

salamandra resucito?
Pues oye en breves progresos
conceptos bien entendidos.
Produce la primavera,
tal vez en no sitio mismo,
dos flores, y allí verás,
que argentadas del rocío
que en perlas viste la aurora
va creciendo al paso mismo
la una flor con la otra flor,
y desplegando el capillo
con voz de olor se saluda,
y abriendo el cogollo fino
tanto en la mata se enreda,
que parece que han nacido
a hacer dulce maridaje
en tejidos laberintos.
Mas si la una flor se muere
dando al aire parasismos,
parece que la otra flor,
del dolor de haber perdido
su semejante o su amante,
si antes fue al campo florido
azucena de las rosas,
yace desmayado lirio.
Los dos, pues, somos dos flores,
que, habiendo juntas crecido
era fuerza que faltando
por accidentes precisos
una de las dos, muriera
la otra flor; y así entendido
que a faltarme tú en el campo
donde fragantes vivimos,
había de morir yo

       desesperado y corrido.
       Y si así puedo tener
       almas que a tu amor dedico,
       ¿cómo había de apartarme
       de tus rayos sensitivos,
       si cuando con ellos muero
       flor en ellos me habilito?
       Y así, faltándome aquella
       que pudo crecer conmigo,
       no cumpliera con la fe
       que debo a tus beneficios
       si al compás que flor has muerto
       no vengo a morir contigo.

Blanca   ¡Ah, Enrique! desigualdades
       suelen padecer peligros;
       yo (aunque en sangre no me excedes)
       soy, cuando a igualarte aspiro,
       parto errante de esta selva,
       aborto inútil de un risco;
       tú, hermano de un rey, que atiendes
       a reinar, pues no ha tenido
       en veinte años de casado
       ramas de su tronco altivo;
       y aunque el Rey puede nombrar
       por heredero a un sobrino,
       está enfermo, y es su hermano,
       y ha de admitirle propicio,
       que en los gustos y en las muertes
       se acaban los enemigos,
       y suelen con los estados
       mudarse los albedríos.
       ¿No ves entregarse al mar
       aquel río fugitivo,

que hace golfo esa ribera,
tan soberbio, tan altivo,
que duda el río si es mar,
o dada la mar si es río?
Pues yo le conocí arroyo,
tan humilde y abatido
que le atajaba la murta
los pasos a su destino
y hoy, soberbio y arrogante,
monstruo de nieve vestido
lleva a saco las campañas,
burlándose de lo mismo
que antes le atajó los pasos
a su primer precipicio.
Mira aquel batel alado
que hecho hipogrifo marino
olvida azules campañas,
de los vientos impelido;
pues yo le vi zozobrando
ocultarse en el abismo,
y ya del viento ayudado,
vuela grave y corre altivo.
pues si un arroyo creciendo
se olvida de su principio,
y si una barquilla frágil
burla los salobres riscos,
uno con plantas de nieve
y otro con alas de lino,
claro está que he de temer,
cuando tus pisadas sigo,
que con mudanza del tiempo
batel corras, vueles río.

Enrique   La respuesta escucha, Blanca;

                        pero tu padre ha venido.

Blanca   Irme quiero.

Enrique   ¿Para qué?
                        Pues tu padre no ha entendido
                        de nuestro amor las finezas,
                        ni en crédito ni en indicios.

(Sale Roberto.)

Roberto   ¿Hijo, Enrique? ¿Blanca mía?

Blanca   ¿Señor?

Enrique   Hoy mi gloria empieza.

Roberto   Vengo con mucha tristeza
                        de traer mucha alegría;
                        a un tiempo para los dos,
                        no sé si vengo a contar,
                        o para tu fe un pesar,
                        o un contento para vos.
                        Sabed que...

Enrique   No prosigáis,
                        porque es imposible haber
                        asegurado un placer
                        si una pena aseguráis
                        que si yo gozo el contento,
                        aunque la pena llevéis,
                        sé que el contento tendréis
                        y al contrario, también siento,
                        que si vos tenéis pesar,

	aunque yo tenga el contento,
	será tal el sentimiento
	de veros a vos penar,
	que entre amorosos trasuntos,
	como tanto nos queremos,
	o los dos, gozos tendremos
	o los dos, pesares juntos.
Roberto	Eso es imposible ser;
	y para argüir mejor,
	sabed, que nace el dolor
	de que os tengo de perder.
	y en fin, como os he criado,
	y en mi casa habéis vivido,
	sabe Amor cuánto he sentido
	vuestra ausencia y mi cuidado.
	Porque es de mis canas ley,
	el contento en vos es llano,
	y es que murió vuestro hermano,
	que heredasteis y sois rey;
	vuestros pies, Señor, me dad,
(De rodillas.)	y mi humildad no os espante,
	que antes os miraba Infante
	y agora os miro deidad.
Enrique	Roberto, a mis nobles lazos
	subid, como padre mío,
	pues deudas de mi albedrío
	quiero pagar con mis brazos;
	mas quiero que vos reinéis,
	Príncipe, en mi voluntad,
	que la imperial majestad
	del reino que me ofrecéis.
	Este reino es de los dos,

y hoy en tal alto lugar
he de dejar de reinar,
porque reinéis solo vos;
dadme agora ese papel.

(Haya una cartera con recaudo de escribir sobre un bufete, y dásela Roberto. Firma Enrique, y da la firma en blanco a Blanca.)

Roberto   ¿Qué intentáis?

Enrique   Quiero empezar
a agradecer y pagar
méritos de un pecho fiel:
Aquesa firma tomad,
Blanca hermosa, cuanto soy
en siete letras os doy;
en mi albedrío mandad.

Blanca   Yo os agradezco el favor,
y puesto que mi albedrío
no puede llamarse mío,
a mi padre y mi señor
la doy con vuestra licencia,
que no es bien en mis favores,
cuando él sobra a darme honores
que falte yo a su obediencia.

(Dale Blanca la firma a su padre.)

Roberto   Tu fe y tu amor se confirma,
y puesto que me la das,
Blanca mía, tú verás
lo que importa aquesta firma;
y vuestra Alteza podrá,

	antes que el Sol vuelque el coche,
	ir a Palermo esta noche,
	que pues media legua está
	desta humilde casería,
	bien es con vuestro arrebol,
	que si ayer le dejó el Sol
	hoy en vos le salga el día.
	Ya todo lo noble viene,
	aunque yo me he adelantado,
	que alas me prestó el cuidado
	y pues de su parte tiene
	lo noble con lo vulgar,
	salga con méritos tales
	a dar honra a los leales,
	rayos a lo popular.
Enrique	Id, pues, que yo partiré.
Roberto (Aparte.)	(Hoy mi lealtad se confirma,
	que pues llevo aquesta firma
	en blanco, intentar podré
	con tan nuevo pensamiento,
	aunque él lo quiera impedir,
	lo que su hermano al morir
	mandó por su testamento.)

(Vase.)

(Llore Blanca.)

Enrique	¿Vos con lágrimas, Señora,
	siendo mi gloria precisa?
	Aunque lágrimas de risa
	suele verter él aurora.

>   Mas puesto que el alma ignora
>   la causa, saber querría
>   dudosa mi fantasía,
>   cuándo con llanto me habláis,
>   si las perlas que arrojáis
>   son de pena o alegría?

Blanca   Cuando vida y muerte siento
            llevada de una ilusión
            no sé si de pena son,
            o si fueron de contento.
            Ya mis recelos consiento
            y ya se alegra mi amor,
            y así entre amor y temor,
            dudo vuestra, y temo mía
            si las guardo a mi alegría
            o las debo a mi dolor.

Enrique   Oye, pues quiero probar,
            pues le llego a conocer,
            que estas perlas han de ser
            nacidas de tu pesar.
            Cuando procede el llorar
            de algún grave sentimiento,
            es evidente argumento
            (si me entiendes como escuchas)
            que salen, si es pena, muchas
            pero pocas, si es contento.
            Natural es la razón,
            que en un mal acreditado,
            viéndose el pecho apretado
            las expele el corazón;
            mas si de alegría son
            como está el alma espaciosa,

por todas partes rebosa
las lágrimas en despojos,
y así se sale a los ojos
la que fue perla a ser rosa.
Pongamos, para enseñarte,
algún agua en esta mano;
cierra la mano, y es llano
que saldrá por esta parte;
mas ábrela y se reparte
toda el agua por la palma,
y así saco en esta calma
de aquesta misma razón
que hay pena, si muchas son;
si pocas gozo del alma.
Tú, pues, si el llanto consientes
cuando argüir me provoco
a ser el llanto más poco,
dijeras gustos presentes;
lloras mucho y mucho sientes,
luego podré imaginar
en tu continuo anhelar,
por evidente argumento
que a ser poco era contento,
y siendo mucho es pesar.

Blanca   En mis prolijos dolores,
confesar es justa ley,
que aún no empezáis a ser rey
cuando empiezan mis temores;
penas, recelos, rigores
tienen mi pecho alterado
viéndoos en tan alto grado;
porque puede ser, Señor,
que se mude vuestro amor,

	pues se muda vuestro estado.
	Y si he de feriar a precio
	de un olvido dolor tanto,
	muérame yo de mi llanto
	y no de vuestro desprecio,
	porque más constante precio
	cuando el rigor me convida
	si he de mirarme ofendida
	en mi daño y vuestra suerte,
	una apresurada muerte
	que una dilatada vida.
Enrique	¿Tú dudar y tú temer?
	tú suspirar y sentir?
	Poco te debe el vivir,
	si te das al parecer.
	Tu esposo tengo de ser,
	en Palermo quiero ufano
	casarme, y pues glorias gano,
	pretendo por lauro y palma,
	si en secreto te di el alma,
	darte en público la mano.
	Allá te espero, Señora,
	yo me quiero adelantar,
	no tienes que recelar,
	lágrimas reprime, aurora;
	bien sabes tú que hasta agora
	ni constante ni amoroso,
	ese copo milagroso
	he tocado de cristal;
	pues gócele yo en señal
(Tómale una mano.)	de que hoy he de ser tu esposo.
	Aquella firma que di
	fue (pues mi estado te altera),

	para que tu amor hiciera
lo que quisiese de mí,
queda adiós, tuyo he de ser.
Blanca	Yo amante y agradecida
te ofrezco, ¡es poco una vida
para poderla ofrecer!
Enrique	Mundos quisiera tener.
Blanca	Almas yo.
Enrique	Yo sentimientos.
Blanca	¿Te vas, en fin?
Enrique	¡Qué tormentos!
A aguardarte voy.
Blanca	Yo iré;
pero aguárdale, porque
hablando, mis pensamientos
me dicen en mi dolor...
Enrique	¿Qué tienes? di, ¿qué quisieras?
Blanca	No quisiera que te fueras.
Enrique	¿Qué sientes, Blanca?
Blanca	Un temor.
Enrique	Eterno será mi amor.

Blanca	Firme seré.
Enrique	Yo constante.
Blanca	Roca soy.
Enrique	Seré diamante.
Blanca	Así de tu amor lo infiero ¿En fin, iré?
Enrique	Allá te espero.
Blanca	Soy tu esposa.
Enrique	Y yo tu amante.

(Vanse.)

(Salen el Condestable y Cuatrín.)

Condestable	¿No dejarás, Cuatrín, tus disparates?
Cuatrín	¿No quieres que me admiren tus dislates, pues parece, según estás suspenso, que se te llega el plazo de algún censo? ¿Hoy que al Rey, que es del mundo nuevo espanto, en Sicilia le espera noble tanto, te sales de con ellos, y en palacio te entras a llorar penas tan de espacio?
Condestable	Aquí esperarle quiero; ¡ay, Blanca hermosa, por tus soles muero!

Cuatrín	Pon tus potencias y tu vida en salvo;
	ven acá, dime, ¿empiezas a ser calvo?
	Que ésta era triste suerte,
	y tanto mal se advierte
	en un calvino que se ve pelado,
	que pesante de estar calaverado,
	no hallando lo esmaltado de la pieza,
	piensa que se le muere la cabeza.
Condestable	Cualquiera mal tomara
	como aqueste volcán no me abrasara.
Cuatrín	¿Que calvo ser tomaras? mal intento;
	óyeme de los calvos este cuento.
	Contra el dios Baco cometió un pecado
	la mona; pero Baco muy airado,
	desde su trono, donde monas salva,
	la mona condenó a que fuese calva;
	mas apeló la mona la sentencia
	al dios Júpiter, y él con más clemencia
	licencia dio a la mona que pusiera
	la calva en cualquier parte que quisiera;
	mas ella, la sentencia confirmada,
	llamándose infeliz y desdichada,
	tanto en su mismo enojo se atropella,
	que iba buscando en sí donde ponella;
	y, en fin, por no ponérsela en la frente
	la puso en el lugar más indecente.
	Considera tú, pues, repara ahora,
	que el castigo en la mona se mejora,
	pues lo que el calvo trae en la mollera,
	la mona lo trae puesto en la trasera.
Condestable	¡Ay, Cuatrín, que me muero de un cuidado!

Cuatrín	Parece que has perdido y que has jugado;
	mas cuéntame tu mal y tu tragedia,
	en ley de buen galán de la comedia
	que habla con su lacayo en mucho seso.
Condestable	¿Sabrás darme un consejo?
Cuatrín	Di el suceso.
Condestable	De los lazos de amor desengañado
	por la verde fragancia de este prado,
	matiz que dibujó la primavera
	por pintar de esmeralda esa ribera,
	llegaba yo a un arroyo cristalino
	sediento del calor; el labio inclino
	al corriente; que aljófar se desata,
	y apenas bebo un rayo de su plata,
	cuando, sin que del agua me levante,
	miro venir por el arroyo un guante.
	Sácole entonces del corriente puro,
	y por breves discursos conjeturo
	(cuando a lograrle en los cristales iba)
	que su dueño quedaba más arriba.
	Subo, pues, por la orilla, que argentada
	era vena de plata destilada;
	déjome gobernar del pensamiento,
	y a pocos pasos ruido de agua siento,
	voy dudando un discurso de retamas
	y encúbrome en lo espeso de las ramas,
	suelto la vista y miro entre la arena
	una mujer en traje de Sirena:
	Vida del campo, de las flores muerte,
	lavábase la cara desta suerte.

Sentada en las orillas,
se quitó de los brazos dos manillas,
unos anillos luego,
y tocando en el agua, tocó a fuego:
El arroyo, que hablaba
con lengua de cristal, que murmuraba
de afrenta de mirar tanta blancura,
la dijo: «Aunque me venza tu hermosura,
pues que tu blanca mano a mí se atreve,
la pienso derretir toda la nieve.»
Tiró las mangas de los blancos brazos,
dióselos al arroyo, y diole abrazos;
la sangre que e n sus venas se inquietaba,
tan gozosa en los brazos se mostraba,
que mirándola inquieta parecía
que por gozarlos todos los corría.
Llegó el agua a la cara y a los ojos,
cegola su cristal, y diola enojos;
mas el arroyo, que la vio burlada,
de sus mismos cristales salpicada,
aunque al mar caminaba tan aprisa,
por verla airada se paró de risa.
Pero estando sus ojos disfrazados
casi con los cristales eclipsados,
que eran el agua y ojos advirtieras,
ellos soles y agua las vidrieras.
La nariz, que al cristal daba despojos,
metió paz en la guerra de sus ojos,
porque a no estar en medio, en dulce riña,
los dos se dieran muerte niña a niña.
Su boca entonces, clavellina breve,
a puro carmesí bordó la nieve,
siendo al llegar su labio a la corriente,
una guija de aljófar cada diente;

un hoyo entre la barba se escondía,
que una gota del agua consentía,
y tanto, que admirado dudé al verla
si en su distrito se cuajaba perla;
sacó las manos del arroyo iguales
y sacudió cristales de cristales.
Levantose del suelo airosamente,
sacó un cendal de nieve trasparente
que en la manga traía,
púsole al rostro y anublose el día
y enjugándose el cielo de diamante,
tan equívoco estaba en su semblante,
que no siendo matices, ni bien flores,
se anduvieron buscando sus colores.
Pero enseñando sus luceros bellos,
no me hallé en todo yo, que estaba en ellos,
pues con haberme entonces escondido,
aun sin mirarme me dejó rendido.
¿No suele cazador confuso y ciego
el plomo disparar que hostiga el fuego,
que habiéndole a los aires disparado,
acierta sin saber donde ha tirado?
Así arrojando flechas de sus ojos,
de esta hermosa deidad nuevos despojos,
libres alas de amor, del Sol donaire,
pensando vincularlas en el aire,
en mí, que estaba entonces encubierto,
lo contingente fue preciso acierto.
Aurora deja aljófar cuanto pinta;
yo la sigo, ella se entra en una quinta;
sé que es su nombre Blanca, sé su fama,
que es hija de Roberto, amor me llama,
cierro el labio, dejando el pecho abierto,
temo que he de morir de no haber muerto;

                    su rostro miro, adoro su belleza,
                    hízose amor en mí naturaleza.
                    Busco a su padre, dígole mi intento,
                    prométeme a su hija en casamiento;
                    pues que soy en Sicilia condestable,
                    escúchole amoroso, admito amable;
                    quedo contento, tarda esta esperanza,
                    temo cobarde, dudo otra mudanza,
                    quiérola amante, espérola remiso,
                    es fuerte mi dolor, mi amor preciso.
                    Su padre no ha venido, yo le espero,
                    muere el Rey, de mi dicha desespero,
                    el infante le hereda, es su privado,
                    muere mi gusto, vive mi cuidado;
                    aqueste es mi tormento,
                    mira si mucho siento, aunque más siento.

Cuatrín   La relación suspende y maravilla,
                   que lleva al acabar su carretilla.

(Ruido.)

Condestable   ¿Qué alboroto es aqueste?

Cuatrín   Que ha llegado
                   e hermano del Rey, que le ha heredado,
                   y entra ahora en Palermo, según vemos.

Condestable   A este lado, Cuatrín, nos apartemos.

(Salen Roberto, Rosaura, Enrique, vestido de negro, y acompañamiento; saca Roberto la firma de la mano.)

Roberto   Generoso rey Enrique,

      de cuyo valiente pecho
      se retrata lo invencible
      se origina lo discreto,
      ¿conocéis aquesta dama?

Enrique   Sí la conozco, y respeto
      por prima mía, y también
      sé que ha estado mucho tiempo
      fuera de aquí.

Roberto   Pues dareisme
      bien merecido silencio.
      Rugero, rey de Sicilia,
      vuestro hermano, que en el cielo
      pisa estrados de diamantes
      cortesano de otro imperio,
      por su testamento deja
      a Enrique por su heredero,
      porque nunca tuvo hijos
      ramas de su tronco regio.
      Manda también que se case
      (así lo deja dispuesto)
      con Rosaura, prima suya
      antes de tomar el cetro.
      Y de no querer casarse
      ni obedecer sus preceptos,
      manda, que este reino pase
      al segundo hermano vuestro,
      que está en Mesina; pues es
      costumbre, que si muriendo
      el rey no tuviere hijos,
      pueda, conforme a los fueros,
      nombrar el rey un pariente,
      el que quisiere. Yo, viendo

	que dejáis a mi elección
cosas de tan grave peso,
hoy he avisado a Rosaura,
vuestra prima, que, sabiendo
el suceso por mis cartas,
se puso en camino luego,
y ha llegado a aqueste instante;
pero don Enrique viendo
lo que con Rosaura gana,
como obediente ha dispuesto
casarse ahora con ella,
por este consentimiento
de su firma, que me ha dado
para ello.
Enrique	¡Válgame el cielo!
Roberto	Y la Reina, mi señora,
a su tío obedeciendo,
al lado de aquesta firma
la suya también ha puesto;
aquestas son las dos firmas
de los dos, y así al momento
la podéis vos dar la mano,
que goces siglos eternos.
Enrique	Mirad, Roberto, que yo...
Roberto	Vuestra Alteza ha sido el mesmo
que aquesta firma me dio,
y aqueste consentimiento,
y la Reina lo permite.
Rosaura	Y para obligaros, quiero

	ser la primera que os bese
	vuestra mano.

(Arrodíllase.)

Enrique   Alzad del suelo,
pues yo vuestro esclavo soy,
y más amante que dueño
Roberto, escuchad.

Roberto   Señor...

Enrique (Aparte.) (En nuevos Etnas me enciendo,
esto se ha de deshacer,
pues sin mi gusto se ha hecho.)

Roberto
(Aparte a Enrique.) (Vuestra Majestad advierta,
que se ha de quedar sin reino,
que así el muerto Rey lo ordena;
y si algo a vuestro amor debo,
os suplico no rompáis
los soberanos decretos,
que aunque vuestra firma fuese
para mi hija, sospecho
que con Rosaura os casara;
pues de tan noble me precio
que a mi Rey obedeciera
siempre leal, siempre cuerdo.
Y mirad que está empeñada
Rosaura, y que nacen riesgos,
y que ha venido a casarse,
y que es muy grande el empeño,
que ha de volverse corrida,

	y vos perderéis el cetro,
	y ella se vendrá a casar
	con vuestro hermano, supuesto
	que hereda si no aceptáis.)

Enrique ¡Oh, nunca! ¡oh, nunca! Roberto,
os diera la firma en blanco.
(Aparte.) (¿Qué haré? Mas si aquí la dejo,
gano a Blanca, a quien adoro,
y si Blanca, el reino pierdo;
ofenderase Rosaura,
conjurarase Palermo,
y, en efecto, he de perderme.
¡Aquí de mis sentimientos!
¿Qué he de hacer en este caso,
que si agora no obedezco
mi honor corre riesgo aquí?
y si lo hago, es mayor riesgo:
Amor, honor me confunden.
Mas, ¿qué dudo? Mas, ¿qué temo?
Válgame la industria aquí;
yo disimulo, y convengo
en ello, que mientras viene
la dispensación, intento,
conjurando mis vasallos,
tenerlo todo desecho.
Esta noche veré a Blanca,
pues por el roto secreto
de la rompida pared
me ofrece ocasión el cielo;
y, en fin, ha de ser mi esposa.)
Tomad, Rosaura, el asiento.

(Siéntanse.)

Rosaura (Aparte.)	(Con el semblante me dice aun más de lo que sospecho.)
Enrique	¡Qué de penas es un mal!
Rosaura	¡Qué de males es un yerro!
Enrique	Roberto, haced que se traiga la dispensación, que quiero desposarme con Rosaura.
Rosaura	Mil años os guarde el cielo.
Roberto	Yo os obedezco, Señor; y los grandes por sus puestos os quieren dar la obediencia como es de Sicilia fuero.
Condestable (Aparte.)	(Ya es Enrique rey, y ya ha mandado el rey Rugero que reine con él Rosaura: sabe el cielo que lo siento, porque don Pedro, su hermano, es mi amigo; mas supuesto que es menor, y no se pueden romper del rey los secretos; pues es fuerza obedecer, a besar su mano llego.) Siglos cuente vuestra Alteza, Rey del siciliano imperio, las edades os aguarden, y en el polo contrapuesto

                Rey de dos mundos os cante
                la fama en acordes ecos.

Enrique (Aparte.)   (Éste pienso que es amigo
                muy íntimo de don Pedro,
                mi hermano, que está en Mesina
                y es forzoso, según creo,
                para el intento que sigo,
                agasajarle discreto;
                pues ser puede que a mi hermano
                ayude si no obedezco.)
                Condestable de Sicilia,
                primo y amigo, ya veo
                servicios que reconozco
                y afectos que considero;
                pedid qué yo os pueda dar.

Condestable   Si tantas honras merezco,
                pido que me deis, Señor,
                a Blanca, hija de Roberto,
                pues su padre lo consiente.

Enrique (Aparte.)   Bien está. (¡Valedme cielos!)

Condestable   Digo que su padre gusta
                que yo sea...

Enrique   Ya os entiendo,
                mi mayordomo mayor
                os hago, y haced que luego
                se prevenga, como es justo,
                en Sicilia el juramento.
                Id, pues.

Condestable (Aparte.)	Voy a obedecer. (¡Qué enigmas son las que advierto!)
(Vase.)	
Cuatrín (Aparte.)	(Al Rey quiero dar un jaque; mas sabe Dios que le temo, pues por la boca y los ojos está arrojando tudescos.) Vuestra Alteza dé a Cuatrín de la caja de los dedos a besar su menor callo.
Enrique	¿Quién sois?
Cuatrín	Indigno escudero de un arenque de mi amo; digo, un rocín, que es compuesto de pescado y de cecina por lo magro y por lo seco.
Enrique	Buen humor.
Cuatrín	No soy casado.
Enrique	¿Ni lo seréis?
Cuatrín	Ni he de serlo.
Enrique	¿Quiéreos mucho el Condestable?
Cuatrín	Soy un secretario lego con quien sus secretos parte, pero nunca sus dineros;

	porque destos no he sabido
ni públicos ni secretos.
Enrique	En efecto, ¿qué queréis?
Cuatrín	A pediros solo vengo
mandéis que de vuestra parte,
dé un recaudo al tesorero,
que aunque me llaman Cuatrín,
que es moneda destos reinos,
con ser moneda mi nombre
ni un solo mi nombre tengo.
Enrique	Decid que os den cien escudos.
Cuatrín	Mandad más, porque supuesto
que los ciento no han de darme,
viene a ser en vos defeto
mandar ciento y no cien mil,
y vos cumpliréis con esto
a ley de rey generoso;
y yo llevaré el consuelo
que me mandaron cien mil
ya que no me dan los ciento.
(Vase.)	
Enrique	¿Qué ruido es éste?
Roberto	Es mi hija,
que ha tardado desde el tiempo
que yo la he enviado a llamar.
(Levántase.)	

Enrique (Aparte.)	(Mayores desdichas temo.)
Rosaura	¿Qué os alborotáis? Sentaos.
Enrique (Aparte.)	(¡Ay, Blanca mía!) Obedezco.

(Sale Blanca.)

Roberto	Llega y dale el parabién del dichoso casamiento con Rosaura, que es su prima.
Blanca (Aparte.)	¿Qué, decís? (Pero si veo la ofensa, si mis desdichas, si mis oprobios advierto, si sus traiciones admiro, y si sus engaños siento, ¿qué he de hacer? Aquí pesares, aquí prolijos tormentos.)
Roberto	Da el parabién a los reyes.
Blanca (Aparte.) (Llegue a Rosaura.)	(Mas yo disimulo.) El cielo, Señora, de vuestras ramas produzca claros renuevos, y gocéis a vuestro esposo los años de mi deseo.
Rosaura	Doña Blanca, como es justo agradezco vuestro celo.
Blanca (Aparte.)	Y a vos el cielo (¡Ah traidor!), señor del alarbe imperio

(Aparte.)	os llame (¡Ah cruel!, ¡ah falso!), y los sicilianos vuestros
(Aparte.)	(Os den la muerte), atrevidos, postren mundos a ese cetro.
(Aparte.)	(Que me llevan mis dolores.)
Enrique (Aparte.)	(Que me lleva mi tormento.)
Blanca (Aparte.)	(¡Que esto sufro!)
Enrique (Aparte.)	(¡Que esto callo!)
Blanca	Mucho al sufrimiento debo, que fuera bien, gran Señor, que vuesa Alteza...
Enrique	Ya veo que es razón pagar servicios que he debido al pecho vuestro.
Roberto (Aparte.)	(¡El Rey confuso, ella triste! Esta noche, vive el cielo, la he de casar con el Conde en la quinta. Honor, teneos.)
Enrique	El Condestable ha pedido Vuestra mano.
Blanca (Aparte.)	(¡Esto consiento!)
Enrique	¿Qué decís?
Blanca	Que yo, Señor...

Enrique	Vuestros recatos entiendo; yo me acordaré de entrambos.
Blanca (Aparte.)	(Mal haya, amén, mi silencio.)
Roberto (Aparte.)	(En los ojos le he leído a Enrique los pensamientos.) Vamos, que a besar tu mano está aguardando Palermo.
(Levántanse.)	
Blanca (Aparte.)	(¡Que yo calle...!)
Enrique	¡Que yo sufra...!
Blanca (Aparte.)	(¡Este amor!)
Enrique (Aparte.)	(¡Aqueste incendio!)
Blanca (Aparte.)	(¡Estos celos!)
Enrique (Aparte.)	(¡Esta injuria! ¡Ay, que por Blanca me muero!)
Blanca (Aparte.)	(¡Ay, que la ofensa me mata!)
Enrique (Aparte.)	(¡Ay, que en mi pena me anego!)
Roberto	Todo es confusión.
Rosaura	¡Qué enojos!
Blanca	¡Qué desdichas!

Enrique	¡Qué tormentos!
Blanca	¡Ay, si me vieras el alma!
Enrique	¡Ay, si me vieras el pecho!

(Éntranse todos y detiene Roberto Blanca.)

Roberto	Hija, el Rey está casado,
	tú también te has de casar;
	esta noche han de cesar
	las guerras de mi cuidado.
	El Condestable ha de ser
	tu esposo, que te ha pedido;
	es noble, y yo te he ofrecido.
Blanca	Señor...
Roberto	No hay que responder;
	a prevenir voy el coche,
	y al Conde avisar querría,
	porque en nuestra casería
	se haga la boda esta noche.
Blanca	Señor, si me das licencia...
Roberto	No hay por qué tu labio se abra,
	que en dando yo mi palabra
	no ha de faltar tu obediencia.

(Vase.)

Blanca	¡Oh, tú, columna del cielo,

tú, monte del Sol Atlante,
ciudadano de los astros!
¿En qué entiendes, que no abates
sobre este mísero objeto
tanta roca incontrastable,
o en prodigios que despeñes,
o en montañas que desgajes?
A ti digo, estrella fija.
(¿Fija dije? Miento, errante;
pues ya a los cielos me subes
y ya al abismo me abates);
¿qué me quieres? Déjame,
no con discursos neutrales
un pecho constante venzas,
un alma alteres diamante,
o muera yo de una vez,
o mis alientos me falten,
o la injuria me atropelle
o el sentimiento me acabe.
¡Ah, Enrique, rey de Sicilia!
¿Así a quien eres faltaste?
¿Tú habías de ser mi esposo?
¿Tú eres aquel firme amante
que venció de mis discursos
bien nacidas libertades?
No porque de mi recato
mi amor decente pasase,
sino porque me empeñé
en quererte y adorarte.
¿Por seis años de finezas
un breve imperio trocaste?
¿No es el gusto monarquía?
¡Ay de mí, que me combaten
a diluvios las desdichas

y los tormentos a mares!
Plegue a Dios, Enrique aleve,
pues ingrato me dejaste
por Rosaura, que una fiera
entre esos espesos sauces,
cuando salieres a caza,
hambrienta te despedace;
o si a caballo subieres
por los desiertos ramblares
de esa intrincada maleza,
desenfrenado te arrastre.
y plegue al cielo (¿qué digo?)
que si acaso lo intentare,
al precipitarse rayo
le inundes por los ijares.
La fiera, león o tigre,
prodigio de esos jarales,
al revolverte suplicio,
te desvanezca cadáver.
¿Mas yo he de quedar muriendo,
tú contento has de quedarte?
Aborrézcate tu esposa
con iras tan eficaces
que tu muerte solicite
cuando por ella te abrases,
y ella muera de mi fuego;
abrásenla los volcanes
que de mi encendido pecho
rayos exhalados salen.
Pero ella, ¿qué culpa tiene?
Y tú, que al reino aspiraste,
tampoco no tienes culpa.
¿Quién la tiene? Yo. Pues basten
las celosas intenciones

y atropelladas lealtades.
¿Qué haré yo para el castigo
que debo a mi misma sangre?
¿Cómo me daré yo muerte,
pues de tan viles ultrajes
yo sola tengo la culpa?
¿Cómo podré castigarme
yo misma? Mas ya sé el cómo.
¿No me ha dicho aquí mi padre
(a fuerza de mi obediencia)
que con el Conde me case?
¿Pues qué mayor muerte quiero,
si le aborrezco constante,
para vengarme de mí?
Si Enrique me quiso antes,
y ahora también me quiere,
para que en celos se abrase;
si no me quiere, también
por mi enojo he de casarme
para vivir desdichada,
para castigar mis males;
porque él viva y muera yo,
porque su fuego descanse,
porque el enojo me incite,
porque esta pena me afane,
porque esta llama me encienda,
y porque Sicilia cante
que ha habido en ella mujer
que en sí ha querido vengarse.

Fin de la primera jornada

Jornada segunda

(Salen a un tiempo por las dos puertas, medio desnudos, el Condestable y Roberto, con las espadas desnudas, y el Conde, con una luz en la mano, y encuéntranse en medio del tablado.)

Roberto ¿Qué ilusiones, Condestable,
qué fantásticos engaños
vuestro pecho han suspendido
y nuestro lecho alterado?
Cuando con Blanca, mi hija,
vuestra esposa, pensé hallaros
más amante que marido
y más fino que casado,
por ser la primera noche
que entre sus luceros claros
os vinculasteis dichoso,
mariposa de sus rayos,
os levantáis poco cuerdo,
y con la espada en la mano
desvanecéis a los aires
vuestros ímpetus gallardos,
y habiendo pedido luz,
el semblante desmayado,
colérica la razón,
muerto el amor, vivo el daño,
toda la casa miráis?
Decid, pues solos estamos,
¿qué arrojamiento conduce
a vuestro error, vuestros pasos?

Condestable ¿No sois noble?

Roberto Sí lo soy.

Condestable	¿Prometéis que vuestros labios puertas sean, que cerradas oculten agravios tantos?
Roberto	Así la palabra os doy; pondré al silencio candados.
Condestable	¿No os toca mi honor también como a padre mío?
Roberto	Es llano, y la defensa me toca.
Condestable	Pues óyeme atento un rato: en túmulos de cristal no bien Febo sepultado, le hicieron funestas honras los huracanes nevados, cuando sin las prevenciones usadas en los palacios, sin pedir al Rey licencia, en su privanza fiado, en aquesta casería (bello objeto de esos prados) me disteis a doña Blanca esta noche.
Roberto	Al caso vamos ya os desposasteis con ella porque antes enamorado me pedisteis por favor que os diese su blanca mano.

Condestable	Anoche, pues, como digo,
	no bien en tálamo blando
	en el éxtasis de amor
	iba repitiendo abrazos,
	cuando a Blanca, vuestra hija
	(vuelvo otra vez a avisaros
	que solo como a mi padre
	mis congojas os declaro).
Roberto	No tengáis, Conde, recelos,
	que por padre y por anciano
	me debéis cuerdos avisos;
	porque es a veces descanso
	el declarar los pesares
	a quien puede remediarlos.
Condestable	En efecto, yo amoroso,
	prudente, apacible y grato,
	almas dando en las razones
	y espíritus en los labios,
	a Blanca, apenas mi esposa,
	blandamente me consagro,
	(que aun el dueño en los principios
	necesita de agasajos);
	cuando de sus bellos ojos
	dos arroyos destilados
	por la margen de su rostro,
	retóricamente falsos,
	de mis futuras desdichas
	me anunciaron los presagios.
	Y como la boca abría,
	(ya desmayado topacio)
	y las lágrimas bajaban
	por sus manantiales claros

y entrándose fugitivas
por el clavel desplegado,
iban a su centro el alma,
vino a ser mayor el llanto,
pues exhalaba otra vez
lo mismo que había llorado
los suspiros que arrojaba
con despegos, con enfados,
eran volcanes deshechos
y eran congelados rayos.
Tanto, que al volverse entonces
mal hallada entre mis brazos
a un lado, mató una vela
que en un bufetillo acaso
estaba a la cabecera;
y por accidente extraño,
no con maña ni con soplo,
que ése es suceso ordinario,
sino el fuego de un suspiro,
volvió la llama a su estado.
Pero viendo en Blanca entonces
más que lisonjas, cuidados,
aparteme a la fineza
y retireme al agrado.
Finjo sueño, miente el alma;
la voz guardo, prendo el labio;
casi dos horas después
deste suceso pasaron,
ella suspirando siempre,
yo siempre disimulando,
cuando sintiendo mis penas,
siento en el retrete pasos;
no lo creo, aunque lo escucho,
si lo dudo, aunque lo alcanzo.

Doy el oído al silencio,
a la evidencia me aguardo,
y oigo decir, «Blanca, Blanca».
Ella, si no con los labios,
respondió con la inquietud
y el alboroto; que hay casos
en que por los accidentes
se acreditan los agravios.
Yo, aunque a escuras (¡qué de penas!)
tomo la espada irritado,
y a la venganza y castigo,
o me arrojo o me levanto;
tiro con la espada un golpe,
hallo en un broquel reparo,
y que me tira también
mi enemigo o mi contrario.
Sígole, y él se retira
a esa cuadra; tras él salgo,
doy voces, y sacan luces
a este tiempo tus criados;
y cuando pensaba bailar
la causa de asombros tantos
ni a mí me hallé en mi sentido,
ni a nadie en las piezas hallo.
Tomo la luz, como vide,
Y hallo los cuartos cerrados
por de dentro con cerrojos,
mi esposa sola en su cuarto
suspensa deste suceso;
yo mi ofensa imaginando,
dudo más y admiro más,
peno, sufro, siento y callo;
ya ilusiones imagino,
ya me confundo en encantos.

Pues si no es que baya salido
por el aire, no hay presagios,
estando cerrado todo,
de que esto me haya pasado.
lo cierto es que oí la voz,
que he reñido, que he dudado,
que está Blanca descontenta,
que has salido y me has hallado,
que aquesto me ha sucedido,
y que debes, como sabio,
o reducirme a consejos,
o habilitarme a cuidados.

Roberto   Condestable de Sicilia,
aunque debiera culparos
en que acreditáis ofensas
ilusiones de un encanto,
no basta el enojo mío
ahora para enseñaros
cómo debéis proceder
en tan aparentes cargos.
Y no os hablo como padre
de Blanca, ni apasionado
en las cosas de mi honor,
como vuestro padre os hablo.
Decís que Blanca, mi hija,
vestida de desagrados
al amor que amante os debe,
esta noche se ha negado.
Decidme, ¿sabéis que ayer,
aún no a Enrique coronamos
en Palermo, cuando yo,
peligros atropellando
sin que lo supiera el Rey,

de vuestra sangre obligado,
viniendo a esta casería
os di liberal su mano?
Pues si ella remisa entonces,
yo entonces determinado
quise atropellar su amor,
no acreditéis por extraños
despegos tan naturales:
Al amor engendra el trato;
no tan presto ha de quereros,
tiempo habrá para obligaros,
que es delito en los principios
hacer el amor halagos.
Personas hay que quisieran
la noche de desposados,
aun en sus propias mujeres
hallar decentes recatos,
porque presumen celosos
o imaginan deslumbrados,
que quien sabe hacer finezas
a los primeros abrazos.
Pues la representa en él,
que en otro las ha ensayado.
Y en lo que decís, que oísteis
esa voz, desengañaos,
fábula es de vuestra idea;
que es la ilusión un engaño,
que más que lo visto en ella
viene a ser lo imaginado.
¿Queréis ver que es ilusión
de vuestro confuso encanto?
¿Muchas veces no os sucede
estar tan ciego y tan vario,
que aquello mismo que hicisteis

dudáis si fue imaginado
con la fuerza de la idea
y aprensión? Pues al contrario;
puede ser que aquello mismo
que fue un ente del engaño,
una ilusión del sentido
o un discurso apresurado,
tan receloso os confunda
y os reduzca tan extraño
que acreditéis sucedido
lo que aún no fue en vos pensado.
Y si hubo ruido de espadas,
¿cómo ni vuestros criados
ni los míos han sentido
la pendencia? Moderaos
en las fantasías, Conde,
que ¿cómo estando cerrados
los postigos por de dentro
pueda alguno haber entrado?
Y si alguien dentro quedara
al acostaros, no es llano
que al salir dejara abierto?
¿Veis como estáis engañado?
¿Cómo es fantasía vuestra
que os engolfa en vuestro engaño?
Y aunque me debáis enojos,
sabed, que nunca me espanto
de ilusiones del sentido
que son en el alma agravios;
y en los casos del honor
que son los forzosos casos,
no cumpliérades con vos
si valiente y arrojado
no os levantarais del lecho,

siquiera a desengañaros;
que cuando las ilusiones
vienen a costar cuidados,
en el escrúpulo solo
queda un noble deshonrado.
Esto supuesto, volved,
con tan precisos descargos
a los requiebros primeros,
que puesto que yo os allano
dificultades de honor,
tocándome de ellas tanto,
os podréis asegurar
cuando en vuestro honor me encargo;
con que a un mismo tiempo aquí
cumplís con vuestro recato;
yo cumplo con mi consejo,
y habremos dispuesto entrambos,
yo consejos, vos finezas,
avisos yo, vos agrados,
y, en fin, Blanca, vos y yo
tendremos asegurado,
Blanca amor y vos sosiego,
glorias ella y yo descanso.

Condestable   A evidencias del discurso
no he de mostrarme contrario;
pues me está tan bien creerlos,
digo, que yo me he engañado;
y pues Blanca está vestida
y sale ya de su cuarto,
vos, señor, os retirad,
que quiero amoroso y grato
agasajaría discreto
y desmentir avisado

| | de su ofensa los indicios
y de mi amor los recatos.
Y pues que ya ha amanecido,
esa luz podéis llevaros. |
|---|---|
| Roberto | Sois discreto. |
| Condestable | Sois prudente. |
| Roberto | Mucho debo a vuestro agrado;
vuestro padre y vuestro amigo
he de ser. |

(Vase.)

Condestable   Yo vuestro esclavo;
vestirme quiero, si es fuerza
que han de salir mis criados,
y mirando mi alboroto
no sabrán mis desengaños.

(Arrímese a una puerta donde estará un bufete con la ropilla, capa y sombrero y golilla y vueltas, pretina y daga, y acabarse ha de vestir.)

(Sale Blanca por la otra puerta.)

Blanca (Aparte.)   (Ni sé de mis pensamientos
ni mis discursos alcanzo,
y aunque en toda yo me busco,
en toda yo no me hallo.
Anoche Enrique (¡ay de mí!),
como la llave ha guardado
de la puerta del jardín,
mis infortunios dudando,

no sabiendo el desposorio
se entró por él hasta el cuarto
de la rompida pared;
pero no bien hubo entrado
cuando le sintió mi esposo:
Salió tras él; mas a caso
se volvió a salir a escuras
la rota pared cerrando,
con que está dudoso el Conde;
él está aquí, yo le hablo,
aunque fuerce mi albedrío:
¡En qué confusión, qué caos,
se confunden mis sentidos!
¡Que un amor de tantos años
olvide tan presto a Enrique!
¡Por los cielos soberanos
que si vengarme pudiera...
pero paso, penas, paso:
Teneos, honor; tente, ofensa.
señor y dueño... No hallo
camino para fingir;
pero, corazón, finjamos
que no soy yo la primera
que en tan miserable estado
para aquél que menos quiere
se apercibe de agasajos.)

Condestable	Esposa del alma mía...
Blanca	Dueño y señor soberano...
Condestable	No en balde ese prado ameno, fragrante alcázar del Mayo, copa en que la blanca aurora

bebe aljófar destilado,
os hace salva de flores
como a general del campo,
abatiendo las banderas
de sus cogollos nevados,
no en balde...

Blanca Tened, Señor,
vuestras finezas extraño,
que haber estado confuso
y arrojado levantaros,
hablarme ahora amoroso,
antes ciego y avisado...

Condestable No prosigáis, deteneos;
que quiero desengañaros.
Como quiso darme Dios
gloria en vos y dicha en mí,
de uno me hizo dos aquí
por quereros como dos;
dos mitades fui por vos,
ejemplo de mi lealtad,
y ansí, esta noche pensad
que impaciente y arrojado
tuve en mi mismo cuidado
celos de mi otra mitad.
Yo era aquél que me buscaba
esta noche en mi osadía;
mas cuanto me confundía
menos tanto en mí me hallaba.
Uno era, y dos me dudaba,
a fuerza del ciego Dios
y dije volviendo a vos:
¿Por qué me busco importuno,

si no soy en mí más de uno
y para Blanca soy dos?
Luego si en dos me partí
por quereros, fue fineza,
si el recelar fue extrañeza
de tener celos de mí.
Sacad, pues, Blanca, de aquí,
que siendo yo el homicida
de esta vida dividida,
más fe en mis celos se advierte,
pues me buscaba la muerte
porque me dabais la vida.

Blanca
¡Oh, quién feriara a suspiros,
dulce esposo, al escucharos,
como un pecho para amaros,
mil almas para serviros!
Mis cuidadosos retiros,
si os han cansado groseros
no es, Conde, por no quereros
que en este mar del amar,
antes fue por conquistar
almas para mereceros.
Es mi amor tan desigual
de lo que amor suele ser,
que ha llegado a merecer
eternizarse inmortal.
Tal se alienta ánima tal
en mis discursos ajenos
que aunque viven de almas llenos,
como el vuestro queda atrás,
flor solo deberos más
me holgara que fuera menos.
A eternidad se convida

	aqueste amor lisonjero,
	que siempre el amor primero
	es el que dura en la vida;
	y si la parca homicida
	cortare el hilo mejor
	de vuestra vida, mi ardor
	me asegura en mi cuidado,
	que aunque vos me hayáis faltado,
	no puede faltar mi amor.
Condestable	Equívoca habláis, Señora,
	con diferente sentido;
	pero aquí siento ruido,
	dejémoslo por ahora.

(Sale Cuatrín.)

Cuatrín	Sobre un mal domado potro,
	comediante de la legua,
	porque solo en los lugares
	los galanes representan;
	postillón de la campaña,
	cortés por toda excelencia,
	pues a cada paso suele
	hacer dos mil reverencias,
	se apea en aqueste instante...
	Pero ya pienso que llega;
	él dirá quién es, pues yo
	quise pintaros la yegua.

(Sale Enrique.)

Enrique	No entre ninguno conmigo;
	quedaos todos allá fuera.

                    ¡Condestable! ¡Doña Blanca!

Condestable   Señor, ¿cómo vuestra Alteza
                    hace alcázar esta quinta
                    y hace cielo aquesta selva?

Enrique   He salido esta mañana
                    a fatigar la maleza
                    desos montes, que a los cielos
                    eternidades apuestan,
                    con la Reina, y descubriendo
                    vuestra quinta, quise en ella
                    daros los justos castigos
                    de vuestras inobediencias;
                    y ansí, la Reina dejando
                    en la nevada ribera
                    a quien airado Neptuno
                    con globos de espuma argenta,
                    vengo a castigar delitos
                    de las intenciones vuestras.
                    ¿Cómo os habéis atrevido,
                    Conde, sin daros licencia
                    a desposaros con Blanca?
                    ¿Qué resolución es ésa?
                    Vive Dios, que en mis enojos
                    vuestros escarmientos vean,
                    cortándoos las viles alas.

Condestable   Señor...

Enrique   No me deis respuesta.

Condestable   Roberto, padre de Blanca
                    me dijo, que vuestra Alteza

	lo permitió; y así, yo...
Enrique	Vive Dios, que si entendiera... Pero llamadme a Roberto, porque los castigos tenga quien tuviere los delitos. Id a llamarle.
Condestable (Aparte.)	(Hoy recela el alma nuevas desdichas.)

(Va a llamarle.)

Enrique	Salíos fuera vos.
Cuatrín	Y fuera, con solo un guiñarme de ojo, de dos trancos a Ginebra: ¿Qué es a Ginebra? a Dalmacia. ¿Qué es a Dalmacia? a la Armenia. y ansí por no dar enojos, cejando con reverencias más que quien lleva prestado, me iré tomando la vuelta desta sala hasta la otra, donde reyes no me vean, dando este paso hacia aquí, con gorradas más bien hechas que dan los que entran de balde a un cobrador de comedias.

(Vase.)

Enrique	Blanca ingrata, fiera hermosa,

	basilisco destas selvas,
	hechizo tiranamente,
	blandamente ingrata hiena,
	que engañando con la voz
	das muerte a tu forma mesma.
	Vive el ciclo, esfinge aleve...
Blanca	Vuestra Alteza se detenga,
	que no desmienten engaños
	coléricas impaciencias;
	si viene a darme a entender
	que de mi empleo le pesa,
	no le pese, vive el cielo,
	ni a mí tampoco me inquieta
	que vuestra Alteza se case
	con Rosaura; y así sea
	igual en los dos aquí
	la ingrata correspondencia;
	que yo con mi esposo, el Conde,
	tan gozosa, tan contenta
	me hallo desde anoche acá,
	que solamente me pesa...
Enrique	¿Qué?
Blanca	Que no haya sido antes.
Enrique	¡Que esto mi enojo consienta!
Blanca	Ya sentí que anoche entró
	por la rota pared, y ésta,
	más que fineza es injuria,
	más que lisonja es ofensa.

Enrique	Cuando olvidando el imperio, que lo es mayor la belleza, venía anoche a casarme, ¿Tan presto a llevar te dejas de un agravio que es amor, de una injuria que es fineza? En fin, ¿te has casado?
Blanca	Sí; vengueme de tus ofensas.
Enrique	¿Ésa es venganza?
Blanca	Es valor.
Enrique	¿Y tu amor?
Blanca	Tarde te quejas; tú me dejaste.
Enrique	Tú fuiste la que por una sospecha o quizá por un deseo, te casaste.
Blanca	¿Tú me niegas que por reinar me olvidaste?

(Sale el Condestable.)

Enrique	Es engaño.
Blanca	Es evidencia; lo que yo digo es verdad esposo, y dale cuenta,

	por que está su Majestad
	culpando tu inobediencia,
	y yo te estoy disculpando,
(Aparte.)	(El alma ya por la lengua
	iba a arrojarse. ¡Ay de mí!
	¡Que mis congojas me cieguen!)

Enrique   Conde, ¿no viene Roberto?

Condestable   Dicen que está en la ribera
               con la Reina, mi Señora.

(Aparte.)   (¿Qué me perseguís, sospechas?
               ¿Qué me queréis, fantasías?
               ¿El Rey dejando a la Reina
               se viene a la casería?
               ¿Qué enigmas, cielos, son éstas?)

Enrique   Aunque Roberto os casase,
               vuestra culpa es manifiesta,
               pero es fuerza perdonaros;
               y así, mañana quisiera
               que a Palermo vengáis Conde.

(Ruido.)   ¿Pero qué es esto?

Condestable   La Reina,
               que con Roberto ha llegado.

Enrique   No quisiera que me viera;
               ¿por dónde podré salir?
               Que se ha de enojar por fuerza
               pues la dije que a Palermo
               me volvía.

Condestable   Sin que os vea

                  No puede ser.

Enrique   ¿Qué he de hacer?

Condestable   Mirad que a esta cuadra llega.

Enrique   pues yo me arrojo a salir.

(Sale Rosaura y Roberto.)

Rosaura   Señor, ¿cómo vuestra Alteza
                      en aquesta casería?

Enrique   Como pasaba por ella,
                      y he entrado a ver a Roberto,
                      que desde mi edad primera
                      me ha criado; ya sabéis
                      que éstas son forzosas deudas
                      de quien soy.

Rosaura   Tenéis razón;
                      merecen mucho las prendas
                      de Roberto.

Roberto   El cielo os guarde.

Rosaura   Blanca, ¿de qué es la tristeza?
                      Vos, Conde, ¿qué os suspendéis?
                      Roberto...

Condestable   ¡Ay honor!

Rosaura   Me cuenta
                      que queréis a Blanca mucho.

Condestable   Tanto, que si ser pudiera
que todos los que han amado
con diferentes finezas
aquel amor redujesen
a un sujeto, y éste fuera
capaz de sufrirle todo,
y contra naturaleza
aspirar a ser mayor,
y otra vez se repartiera
entre todos los amantes,
fuera el hacer competencia
una luz a la del día,
una flor con las estrellas,
un arroyo con el mar
a la menor llama destas
que siento en el corazón;
porque en Blanca tan discreta,
tan hermosamente afable,
tan gallardamente bella,
que ella merece por sí,
como todas las bellezas.
Luego si una, siendo todas,
vive eterna en mis potencias,
viendo los méritos suyos
para pagarlos, es fuerza,
si merece como todas,
que como todas la quiera.

Rosaura   Bien encarecido está.

Blanca   Poco el Conde me debiera
si yo no digo mi amor
(Vuestra Alteza dé licencia),

que entre dos que bien se quieren
fuera muy poca fineza,
que el uno su incendio diga
y otro calle sus ternezas.
Es mi amor tan excesivo,
que antes que mi esposo fuera
sin haberle visto nunca,
dentro de mi propia idea
le estaba queriendo siempre,
tanto, que en mí es evidencia,
que no por verle le quise,
sino por naturaleza.
Pues si amor es accidente
que en el sentido se engendra,
y mi esposo, el Conde, aquí
de su afecto me confiesa
que me quiso por mirarme,
más gloria a mi amor se deba,
pues yo le adoré sin verle;
síguese, pues, que aunque tenga
amor como todos juntos,
ese mismo amor me enseña
que habiendo sido accidente,
por accidente pudiera
faltar también este amor.
Luego es fuerza que le exceda,
si mi amor es natural
y su amor es contingencia.

Enrique (Aparte.)	Mucho más le quiere Blanca. (¿Qué esto mi dolor consienta?)
Blanca (Aparte.)	(¡Que a este tiempo haya llegado!)

Condestable (Aparte.)	(¡Ah, si éstas verdades fueran!)
Rosaura (Aparte.)	(¡Ah, si así le quiere Blanca!)
Blanca (Aparte.)	(Mi enojo y mi agravio sientan.)
Rosaura	Ya es hora de ir a Palermo.
Condestable	Permítame vuestra Alteza que vaya hasta allá a servirla, puesto que no hay media legua desta quinta hasta la corte.
Reina	Quedaos, Condestable, en ella, porque sois recién casado, y es doña Blanca muy bella, y haréis falta en vuestra casa.
Condestable (Aparte.)	Mi silencio es mi obediencia. (¡Qué agravios! Qué desconsuelos!)
Rosaura	Roberto conmigo venga.
Roberto	Obedeceros es justo.
Rosaura	¿No está cansado tu Alteza de haber andado esta noche fatigando la maleza? ¿No venís?
Enrique	Ya os obedezco.
Condestable	

(Aparte.)	(¡Esta noche ha estado fuera!)
Rosaura	Blanca, pues tenéis esposo que vuestras partes merezca, veneradle como a tal; no os digo más, sois discreta. Conde, pues la queréis tanto, y ella adoraros confiesa, mirad que es hermosa Blanca, tened cuidado con ella.

(Vanse Rosaura y Roberto.)

Blanca (Aparte.)	(Honor mío, valor mío, ¿dónde hallaré resistencia? Pero huir es valentía, cuando es la desdicha cierta.)

(Vase.)

Enrique	Blanca, adiós.
Condestable	Ya se fue Blanca.
Enrique (Aparte.)	(¡Qué de espíritus me lleva!) Adiós, Conde.
Condestable	El cielo os guarde.
Enrique	¡Ay, Blanca, y cuánto me cuestas!

(Vase.)

Condestable	¿Qué es esto que por mí pasa?

¿Qué confusiones son éstas?
Alerta, cuidados míos,
que toca el honor a leva.
Discursos, huid de mí,
apartaos de mí, sospechas.
¡Blanca anoche al desposarse
triste, dudosa y suspensa,
trocado en nieve su nácar,
su carmín en azucenas!
¡En el lecho suspirando,
desmayada y macilenta,
mal hallada entre mis brazos,
arrojando fuego en perlas!
¡El Rey en la casería
tan de mañana! ¡La Reina
siguiéndole cuidadosa,
él escondiéndose de ella!
Cuando yo entraba, mi esposa...
Pero no pronunciéis, lengua,
tanto linaje de injurias,
que unas con otras se encuentran.
¡Ay del tiempo en que el agravio
de tal especie se engendra,
que declararle es injuria
y reprimirle es ofensa!
Mas yo le digo a mí mismo,
pues no con mi honor cumpliera
si no lo sintiera tanto;
que aunque es verdad que la afrenta
en tanto afrenta se llama
en cuanto pública sea,
y ésta solo yo la juzgo,
al que noble sangre alienta
más que la publica al mundo

debe mirarla secreta.
La Reina ha dado a entender
que el Rey ha salido fuera
esta noche de palacio;
yo sentí en mi cuadra mesma
voces y pasos; es cierto,
que esto de las apariencias
pueden engañar acaso;
pero no hay porque se crea
que todos cinco sentidos
uno toque y otro vea,
uno escuche y otro alcance,
y que todos cinco mientan.
Luego arguyo bien, es cierto;
mas la Reina entre sus penas,
que era hermosa sí lo dijo,
y que mirase por ella.
Ea, ¿qué dudo? ¿qué aguardo?
¡Oh ayúdeme mi prudencia!
¿Y que no advirtiese yo
(¡oh cuánto una pasión ciega!)
que el Rey, antes que lo fuese,
en esta quinta pudiera,
puesto que vivió con Blanca,
idolatrar su belleza?
Y si el Rey me negó a Blanca
al pedirla, ¿no era fuerza
que para hacerlo tuviese
alguna llama encubierta?
¿Pero esto, no puede ser
que una fantasía sea,
que de algún fácil principio
poco aparente proceda?
No es posible; sí es posible,

que a veces en nuestra idea,
como el natural humano
a los discursos se deja,
si alguno grabar procura
la imaginación primera
en el carácter del alma,
es el honor de manera,
que cuanto se dice y habla,
cuanto se imagina y piensa,
ya de otra razón se alegue,
ya de otra causa proceda,
piensa que todo se dice
porque se sabe su ofensa.
Bien arguyo; ¿pero cómo
se ha de apagar este Etna
que en la materia del alma
pródigamente se engendra?
¿Cómo, si no las admito,
no descarto mis sospechas?
Pero ya se me ha ofrecido
una industria con que es fuerza
o que viva el desengaño
o que mis discursos mueran.
Yo he de intentar esta noche
ser juez de su inocencia,
o testigo de mi agravio;
pues cuando a un tiempo me cercan
desengaños al indicio,
y a mis dudas evidencias,
disimularlas es yerro,
reprimirlas imprudencia,
no castigarlas delito,
atropellarlas vileza,
contenerlas es oprobio,

no buscarlas negligencia,
recatarlas es rigor,
apresurarlas violencia
y así solo averiguarlas
mi industria esta noche ordena,
dando al indicio castigos,
dando al honor resistencias,
al deseo sufrimientos,
quilates a la prudencia,
palma a mi honor si hay victoria,
muerte a Blanca si hay ofensa.

(Vase.)

(Salen Blanca y Silvia con una luz.)

Silvia
Deja, Señora, el llorar,
pues le das al sentimiento
más quilates de tormento,
más incendio en que penar;
más pienso que por vivir
inmortal en tu tristeza
has hecho naturaleza
el suspirar y sentir.

Blanca
No puede haber suspensión
en tan hallado tormento,
pues las lágrimas que siento
sudores del alma son,
gran fuego se alienta en mí.

Silvia
Di, Señora, tu desvelo,
pues quizá hallarás consuelo
en mí.

Blanca	No te toca a ti; mis penas el alma llora déjame conmigo estar.
Silvia	Obedecer y callar es lo que me toca agora.

(Sale Cuatrín.)

Blanca	¿Y tú qué quieres, Cuatrín?
Cuatrín	Vengo a decir si te agrada...
Blanca	¿Qué es a lo que vienes?
Cuatrín	Nada.
Blanca	Dilo, acaba.
Cuatrín	Digo, en fin, que el Conde...
Blanca	Di.
Cuatrín	Mi señor en este instante va fuera, y dijo que te dijera que perdonases su error; porque no puede venir esta noche entre tus lazos a gozar dulces abrazos; yo no sé si iba a reñir, porque al llegar a avisar,

                        sea mohína o deshonra,
                        dijo que un negocio de honra
                        había de averiguar;
                        en fin, se fueron los dos,
                        y de lo que el Conde intenta
                        he venido a darte cuenta.

Blanca   Mala Pascua te de Dios,
                        vete.

(Hace que se va y vuelve algunas veces hasta que se entra.)

Cuatrín   Voyme, aunque me espanto
                        de lo mucho que has sentido,
                        porque yo no he presumido
                        que a tu esposo quieres tanto.

Blanca   ¿No te vas?

Cuatrín   Estás cruel.

Blanca   No es ése ¡ay Dios! mi cuidado.

Cuatrín   No pienso que te he contado
                        como llevaba broquel.

(Hace que se va y vuelve.)

Blanca   Cuatrín, enfadoso estás;
                        déjame, acaba.

Cuatrín   Y, en fin,
                        digo que se irá Cuatrín;
                        pero dime...

(Hace que se va y vuelve.)

Blanca ¿No te vas?

Cuatrín Ireme, pues te ofendiste,
y enojos tantos previenes:
(Lo mismo.) Así, ¿no dirás qué tienes
que estás, Señora, tan triste?

Blanca Vete o, vive Dios, grosero...

Cuatrín Digo que soy un cansado,
y que todo cuanto he hablado
fue por boca de barbero;
pues solo quien lo es ahoga
con arenga dilatada,
en viendo un hombre que enfada,
no hay cosa como dar soga.

(Sale Silvia.)

Silvia Señora, el Rey ha llegado
por la puerta del jardín,
y a no estar aquí Cuatrín
presumo que hubiera entrado.
sabe que el Conde está fuera,
y dice que te ha de ver.

Blanca Silvia, ¿qué tengo de hacer?

Silvia Él entra ya, no quisiera
estar aquí; yo me voy,
porque se ha quedado abierta

             del jardín la verde puerta.

(Vase.)

Blanca   ¿Dónde vas?

Silvia   A cerrar voy.

(Sale Enrique.)

Enrique   Blanca, perdona el error,
                que sabiendo que tu esposo
                fue a Palermo, cuidadoso
                vengo a ablandar tu rigor;
                enternézcate el dolor
                con que me busco en tus ojos,
                y aunque en tan fieros despojos
                no acredites mis ternezas,
                las que eran en ti finezas
                no vengan a ser enojos.
                Aún no me aparto de aquí,
                cuando con nueva osadía,
                como en tus ojos solía,
                me vuelvo a buscar en ti.
                ¡Ay de mi vida! ¡Ay de mí!
                Pues que te llego a querer
                tanto, que más puede ser
                con que es fuerza que haya sido
                dejar de haberte querido
                que dejarte de querer.

Blanca   Enrique, rey de Sicilia,
                monarca el más poderoso,
                si avariento de tus rayos

te negaste a mis sollozos,
ya que arrojado te induzcas,
te precipites furioso
a romper de aquestas puertas
bien merecidos decoros,
oye en razones sucintas
mal declarados enojos,
y débeme desengaños
pues te debo injurias solo.
Qué de veces, si te acuerdas,
por este tabique roto,
que un artífice labró
con secreto artificioso,
nos estudiamos las almas,
tan suspensos, tan absortos,
tan iguales, tan amantes,
que en recatados coloquios
nosotros mismos tuvimos
dulces celos de nosotros.
y viéndonos tan suspensos
el apacible Favonio,
de las luces de la aurora
nos dio aviso en blandos soplos;
pero aquí anhelando muero,
aquí del llanto me ahogo;
fuiste rey, dándome amante
mano y palabra de esposo.
fui a Palermo, hallete (¡ay Dios
con qué de afectos lo lloro!)
con Rosaura desposado.
¡Oh! entonces aquese monstruo
de nieve, ese mar soberbio,
por rizos de espuma escollos
me diera infausto sepulcro

en su centro cavernoso
quise vengarme de mí,
airada al daño me expongo,
desposeme con el Conde,
y tan otra me provoco,
que por darme ese castigo,
diligencié mis oprobios.
Caseme, en fin; ¡cuánto yerra
la que por vengar su enojo
contra su gusto se casa
habiendo querido a otro!
Pues darse entonces la muerte
era una desdicha solo;
pero casarse a disgusto
vienen a ser dos ahogos:
uno, no poder jamás
desechar el amor propio,
que es natural, el primero;
y es el otro, tener odio
por los impulsos de amante
a los afectos de esposo.
Y aunque todas estas cosas,
blandamente rigoroso
contra mi amor intentaste,
tanto a quererte me arrojo,
tanto; pero ¿cómo lengua,
imaginaciones, cómo
os lleváis de los afectos?
Señor, Señor, aunque logro
honras en ser vuestra esclava,
mi esposo es noble, mis ojos
con la lengua de su llanto,
que os están hablando a golfos,
os suplican que os venzáis;

dejadme en blando reposo
de inquietudes de mi vida
solicitar desahogos.
Y si arrojado intentáis
hacer al vulgo notorios
vuestros afectos pasados,
a mi esposo hacéis forzoso
el agravio en la intención
cuando venganzas aborto
por los ojos en mi injuria,
cuando ni mi amor pregono,
ni mis agravios allano,
ni mis impulsos revoco.
Yo misma seré el suplicio
de mi vida rigoroso,
y sacando el corazón
del pecho en que yo le acojo,
tomaré venganza en él,
porque se inclinó alevoso
a quereros inconstante;
y agora esta mano, solo
porque ha tocado a la vuestra,
siendo cobarde despojo
de la ofrenda de marido
he de abrasar poco a poco
en esta confusa llama...

(Va a quemarse la mano en la vela y mátala.)

Enrique   Tente.

Blanca   Porque de este modo...
Mas icielos, la luz he muerto!
Silvia, luz.

Enrique (Aparte.) (Presumo que oigo
un golpe hacia aquesta parte,

(Suena dentro ruido de golpe como de persona que salta.)

y puede ser que su esposo
haya entrado; yo me aparto
por este jardín frondoso,
cuya llave traigo aquí;
porque viene a ser más logro,
ser por noble desdichado
que por ingrato dichoso.)

(Vase y no lo eche de ver Blanca, y prosigue, pensando que está aquí.)

Blanca No puede tardar la luz;
yo prosigo con mi enojo:
En efecto, rey Enrique,
pues una vida malogro,
que fue roca a tus finezas
y a tus afectos escollo,
no permitas, no permitas
no, que el vulgo malicioso
con sombras de honor tirano
eclipse mi honor heroico.
Confieso que te he querido,
Enrique, siendo en el golfo

(Sale el Conde por la otra puerta con espada y broquel, lleno de polvo, y vase careando con ella.)

del amor de tanto tiempo
poco cursado piloto.

déjame, Enrique atrevido,
que aunque es verdad que a mi esposo
no reportada aborrezco,
no tampoco, no tampoco
te quiero, si antes te quise.
Aunque no constante borro
de la memoria impresiones
que esculpí con líneas de oro,
pero mi esposo y mi honor
antes han de ser que todo.
Vete, Enrique, déjame;
pues a tus plantas me postro,
pidiendo...

(Arrodíllase delante de su marido.)

(Sale Silvia con luz.)

Silvia   Aquí está la luz.

Blanca   Esposo, ¡ay cielos! si tomo...
Si yo... si... porque... si acaso...
Si Enrique...

(Túrbase.)

Condestable   Blanca, ¿qué asombros
os conducen tan suspensa?

(Aparte.)   Vete Silvia. (Aquí, socorros
(Vase Silvia.)   de mi ardiente corazón;
aquí fuego misterioso;
el Rey estaba con Blanca,
o ella haciendo soliloquios
se ensayaba en su venida.

¡En qué de enigmas me engolfo!
«Déjame, Enrique atrevido,
que aunque es verdad que a mi esposo
no reportada aborrezco,
no tampoco, no tampoco
te quiero, si antes te quise.»
Al examen rigoroso
me llaman estas palabras
de mi honor. Mas ¡cielos! ¿cómo
averiguaré mi ofensa?
Pero quedándonos solos
he de ser juez de mi causa;
yo propio ¡cielos! yo propio
me he de buscar la disculpa
pues el cargo es tan notorio.
Cerrarla quiero, y salir
a mirar si en los contornos
algún criado me escucha,
que es honor tan melindroso
que después de averiguado,
aunque le sirvan de abono
apariencias ya de pluma,
evidencias ya de plomo
pensando que han de poner
en las presunciones dolo,
queda recelosa el alma
y el honor escrupuloso.)

(Cierra por fuera las puertas y vase.)

Blanca O es ilusión lo que miro,
o es engaño lo que toco,
o es enigma lo que advierto,
fantasía lo que ignoro,

o es que ni alcanzarme puedo
ni a mí misma me conozco.
¿Mi esposo no estaba fuera?
Pues ¿cómo entró aquí mi esposo
¿El Rey no hablaba conmigo?
¡Qué es esto, cielos piadosos
pero sin duda se fue
por el jardín, receloso
o airado de mis razones;
gran daño en mis males corro,
pues mi esposo me ha cerrado;
todo es males, daños todo:
Deme ya la muerte fiera,
aunque sin culpa la gozo.
Pero ¿qué dirá Sicilia
de mi muerte? Si es forzoso
que acredite no inocencias,
que si un marido celoso
se determina arrojado,
piensa el vulgo escandaloso
que hubo delito si hay sangre
que hubo culpa si hay enojos.
pues consentir el castigo
es de mi sangre desdoro,
hacer vanas resistencias
tampoco ha de ser ahorro.
¡Ay de mí! que tan suspensa,
tan discursiva me cobro,
que ni a la muerte me allano,
ni a la vida me acomodo.
¿Qué tengo de hacer? huir;
mas si está cerrado todo,
¿cómo saldré a esotra cuadra?
Mas por el tabique roto,

pues no he tenido lugar
para cerrarle, me arrojo
en lance tan apretado
a entrarme, porque es impropio
cuando hay salida a la vida
peligrar en lo dudoso.
Y pues que salgo a otro cuarto,
busco a mi padre, que es logro
de mi honor guardar mi vida,
que en pasando aqueste enojo,
podrá haber satisfacciones
y ahora desdichas solo.

(Ha de haber un tabique hecho de madera y dado de cal por encima, que se abra, y después a su tiempo se caiga todo, y encima dél ha de haber algunas pinturas. Abre Blanca el tabique y vase.)

(Sale el Condestable abriendo las puertas.)

Condestable   Todo este cuarto he mirado
                     advertido y cuidadoso,
                     y nadie escucharnos puede.
                     ¡Oh cuánto, cielos, me importo
                     para averiguar yo mismo
                     estos celos rigurosos!
                     Mas ¿cómo no está aquí Blanca?
                     ¿Blanca? Suspenso y absorto
                     me tiene mi fantasía;
                     Blanca hermosa, miento, monstruo
                     de mi honor. ¡Cielos! ¿qué es esto?
                     por las venas y los poros
                     helado sudor me cubre.
                     ¿Qué ilusión de mis enojos
                     es ésta? ¿Yo no he cerrado?

Pues ¿cómo ¡ay pesares! cómo
no parece Blanca? Quiero
mirar si del alboroto
dejé las puertas abiertas;
cerradas están; no topo
a mis discursos salida,
pues tener llave es impropio,
que hoy he echado llaves nuevas
a esas puertas, receloso
de una vana fantasía.
Pues pensar que ha sido asombro
o ilusión, es desmentirme
a mí mismo; pues ¿qué modo
tendré para averiguarlo?
Pero ya, ¡ay cielos! conozco
que hay culpas en Blanca, y muchas,
pues huyendo de mis ojos
las que en mí fueron sospechas,
son para su dueño abonos.
Él huyó, luego es culpada;
pero, ¿por dónde, si el Noto
por impulso de sus alas
no la ha llevado a otro polo?

(Llaman a una puerta.)

Cielos, llamaron; yo quiero
abrir, desmintiendo al rostro
las sospechas de mis males.
¿Quién es?

(Sale Roberto.)

Roberto   Yo, que a lo furioso

	de tus voces he llegado; ¿Qué tienes, hijo?
Condestable	Estoy otro de quien era en mi discurso, siendo enigma de mis ojos. Blanca...
Roberto	¿Qué dices de Blanca? De Palermo vengo, y solo a Blanca encontré, arrojando por la margen de su rostro en esta primera cuadra dos destilados arroyos.
Condestable	¿Blanca está allá fuera?
Roberto	Sí.
Condestable	No puede ser.
Roberto	Reconozco Que estás otro, como dices. ¿Blanca?

(Sale Blanca.)

Blanca (Aparte.)	(Señor, yo me arrojo.)
Condestable (Aparte.)	(O es ilusión cuánto miro, o es incierto cuánto toco. ¿El Rey no estaba con ella? ¿Yo no vine cuidadoso? ¿No sacó Silvia la luz?

¿No cerré a Blanca yo propio?
Pues ¿cómo ahora está fuera?)

Roberto ¿Qué tenéis, Conde?

Condestable (Aparte.) (Yo propio
¿no me escondí aquesta noche?
¡Mas que me ha de volver loco
esta quinta!)

Roberto ¿Qué tenéis?

Condestable Tengo una pena que ignoro.

Roberto ¿Quién la causa?

Condestable No lo alcanzo

Roberto ¿Cómo ha sido?

Condestable No sé el cómo.

Roberto ¿No lo sabes?

Condestable Sí lo sé.

Roberto Di el efecto.

Condestable Aquese ignoro.

Roberto ¿De dónde nace?

Condestable De mí.

Roberto   ¿Quién las obra?

Condestable   Yo las obro.

Roberto   ¿A dónde vas?

Condestable   A morir.

Roberto   ¿Qué logras?

Condestable   Descansos logro.

(Vase.)

Roberto   ¿Qué es esto, Blanca?

Blanca   No sé.

Roberto   ¿Qué sientes?

Blanca   Desdichas lloro.

Roberto   ¿Por qué causa?

Blanca   Por la tuya.

Roberto   ¿Qué te hice yo?

Blanca   Darme esposo.

Roberto   ¿Qué es el remedio?

Blanca   La muerte.

Roberto	¿No hay otro, Blanca?
Blanca	No hay otro.
Roberto	Oh, ayúdeme mi prudencia.
Blanca	Sí hará, pero puede poco.

Fin de la segunda jornada

Jornada tercera

(Sale Blanca con la daga, medio desnuda, destrenzados los cabellos, sueltas las basquiñas y una luz en la mano.)

Blanca
Ahora que piadosos
esos cielos hermosos
en su curso violento
treguas han permitido a mi tormento,
cuando apenas el alba ha esclarecido,
sin que sepa de mí ningún sentido,
vengo a tomar consejo
de mi padre por serlo, y por ser viejo,
que las demás son intenciones vanas,
que solo habrá remedio donde hay canas.
Mi padre aquí reposa,
llamar quiero a su cuarto cuidadosa.

(Llama Blanca.)

(Sale Roberto medio desnudo.)

Roberto   ¿Quién a estas horas cuidadoso llama?

Blanca   Yo soy.

Roberto   ¿Es Blanca?

Blanca
Sí, que por mi fama,
más que por mi desvelo,
a tu consejo en mi desdicha apelo,
sabe, Señor...

Roberto   Al cielo ¡ay Dios! pluguiera

                    que tanto de tus males no entendiera!

Blanca   Pues ¿ya lo sabes?

Roberto   He conjeturado,
que, llegando en el color adelantado,
destrenzado el cabello de ámbar puro,
el rostro hermoso sin color seguro,
sin palabra los labios,
los ojos con agravios,
desigual el acento,
torpe el discurso, vario el sentimiento,
cuando a los ojos lágrimas prefieres,
me estás diciendo aún más de lo que quieres;
mas di, ¿qué te ha movido a despertarme?

Blanca   Atentamente puedes escucharme.

Roberto   Pues no ocultes ninguna de tus penas,
puesto que a mayor daño te condenas
si diciéndolas todas una encubres
si a callar una sola te acomodas,
de aquesa puede ser que nazcan todas.
Y habiendo la que has dicho remediado,
por la que guardas pierdes lo granjeado,
y pues todas contándolas mitigas,
o cuenta la mayor o no la digas.

Blanca   Padre piadoso, cuyas plantas sigo,
si con llamarte padre no te obligo,
oblíguete mi amor; pues eres sabio,
permite tus oídos a mi labio,
y hoy que mi fama con mi muerte lucha,
o de valor o de piedad me escucha.

Ya, pues, Señor, que toda a ti me dejo,
mi honor has de curar con tu consejo,
y pues médico eres tan prudente,
no te pienso encubrir el accidente,
el rey Enrique (aquí mi agravio empieza)
antes que fuese rey (aquí tropieza
exhalado en volcanes que reviento.
Entre mi lengua intrépido mi aliento),
como vivimos (sí), como vivimos
en esta quinta, juntos nos unimos
las almas tan conformes, tan iguales
(de estas glorias proceden estos males),
que me rendí a quererle.

Roberto   ¿Esto consiento?

Blanca   No hay culpa en el honor, estame atento,
que si delito hubiera,
en balde los consejos te pidiera.
digo, Señor, que Enrique me quería,
y que grata a su amor correspondía
diome mano de esposo,
con limpia fe, con pecho generoso.
Tú entonces de Palermo (¡ah cielo airado!)
la nueva le trajiste de su estado;
diome una firma, y yo, por obediente,
la dediqué a tus manos imprudente,
y era por obligarme con su mano.
Tú entonces de tu propio honor tirano,
no sabiendo su intento (¡ah suerte airado!)
Me diste muerte con mi propia espada;
pues con Rosaura hiciste el casamiento,
prestándote yo misma el instrumento.
¡Ay cielos! ¿quién dijera

que del bien la desdicha procediera?
yo revestida, pues, de mis enojos,
con la pena y dolor hasta los ojos,
sin discurso arrojada, airada y fiera
(que no tiene dolor quien considera),
no pudiendo a mi misma refrenarme,
por vengarme de mí quise casarme;
aun no teniendo miedo de la muerte,
que propio es de la contraria suerte,
cuando la vida llama al desengaño,
quitar el miedo para obrar el daño;
caseme, y no hallé el puerto que me alienta;
pero fuile a buscar en la tormenta,
llegó la noche de saber que es dueño,
y no durmiendo en ella estuve en sueño;
quise fingir amores,
pero no me dejaron mis dolores;
quise mentir afectos mal pensados,
pero no me ayudaron mis cuidados:
siente ruido mi esposo,
levántase animoso,
saliste tú al instante
ya sabes lo demás, voy adelante.
Otra vez, pues, anoche,
apenas Febo apresuraba el coche
por las celestes huellas,
imán de tanto ejército de estrellas,
cuando estando mi esposo en la campaña,
que el mar con lanzas de cristales baña,
entró Enrique en la quinta inadvertido,
el color entre amante y, ofendido;
a una criada dónde estoy pregunta,
busqueme viva y no me halló difunta,
culpa noble mi agravio con su exceso,

apágase una luz por un suceso,
vase sin que le viera receloso,
y hallome hablando a escuras con mi esposo,
disimula discreto, y yo, turbada,
salgo a otra cuadra, déjame cerrada,
temo perder la honra con la vida;
acuérdome que tengo una salida,
con que no podrá obrar mi esposo el Conde;
no te importa saber, cómo o por dónde,
baste que te confiese lo pasado;
entra a buscarme el ánimo alterado,
y tú entonces saliste;
ya viste lo demás, y pues que viste
su confusión, su agravio y mi cuidado,
vamos a lo que agora me ha pasado.
Entraba yo a mi cuarto recelosa,
desmintiendo temores animosa,
esta noche pasada con mi esposo,
vestido de temor lo temeroso,
la color indecisa,
haciendo el llanto de mis ojos risa,
cuando mi esposo, que su honor procura,
blando me alaga y cauto me asegura;
hallo lo que deseo,
con sus abrazos sus finezas creo
que quien sin culpa llega a examinarse
más fácilmente puede asegurarse;
dejo el adorno, desahogo el pecho,
armeme de valor, y admito el lecho,
y entre esperanzas de favor divinas,
me fue el de Holanda, tálamo de espinas.
Finge sueño mi esposo y busca el sueño;
¿pero cuando le halló tan grave empeño?
Que pena a quien el sueño ha moderado

aún no merece nombre de cuidado.
Mas él entonces con la ardiente llama,
por ver si duermo, en lenta voz me llama;
yo, por saber la causa de su herida,
finjo (qué bien fingí) que estoy dormida.
Levántase confuso, y recelaba,
mirando atrás, si acaso despertaba;
toma una luz que se dejó encendida,
(no sé cómo he durado con la vida)
prosigue con cautelas tan extrañas,
yo haciendo celosías las pestañas.
Los ojos entreabiertos y cerrados,
le dejo proseguir con sus cuidados.
Vivo el valor y las potencias muertas,
requiere las ventanas y las puertas;
ciérralas todas, y arrojado y fiero
desnuda de la vaina el limpio acero,
muéresele el color y el alma alienta,
y al honor la batalla le presenta;
viene a mí apresurado, el paso incierto,
y al arrojarse finjo que despierto.
Y entonces, del valor vivo trasunto,
la causa de su enojo te pregunto;
y asiéndole el acero le mitigo,
que el miedo hace lo más en el castigo,
y alentando el acero con el brazo,
blanda me incito, tímida me enlazo.
Desasirse pretende,
y con palabras del honor me ofende,
yo a callar en la lucha me sentencio,
que no hay satisfacción como el silencio.
Él forzando el acero y yo animando,
yo resistiendo, y él apresurando
volcanes, que en el pecho helado esconde,

oye que desde el campo dicen: «¡Conde!
Detiénese», y yo extraño (¡feliz suerte!)
Él no pensado ahorro de mi muerte,
o aquella voz que exhala el aire vano;
deja la daga entonces en mi mano,
apresura el valor trocando a rayos,
y yo troqué en valores mis desmayos,
a salir le provoca su ardimiento,
y yo a junta llamé mi sentimiento.
Toma la espada y busca a quien le llama,
de su valor forzado y de su fama.
Sale, en efecto, intrépido y desnudo,
él duda quién le llama, y yo lo dudo,
y como sale al campo, y yo te veo,
suelto el freno de honor a mi deseo.
y ahora te he buscado;
el instrumento es éste, que ha dejado
en mis manos violento,
y aunque no está sangriento,
temo, si me persiguen tantos males,
que ha de verse teñido de corales,
que el que a creer su afrenta se conduce,
o tarde aguarda o nunca se reduce.
Ahora tú consulta cuidadoso,
qué debo hacer discreta con mi esposo
si mi muerte pretende,
mi amor agravia y a tu honor ofende;
pues cuando con mi sangre me disfama,
él se queda con honra y tú sin fama.
Si a huir su enojo y su piedad me obligo,
es labrarme yo misma mi castigo;
darle satisfacciones no es prudencia,
recelarme es faltar a mi inocencia.
De suerte, que no hay medio con que acierte:

	Daño es huir, no resistir es muerte;
	él me aborrece, no hay con qué le obligue:
	Aquí temo, aquí Enrique me persigue:
	El Conde está celoso,
	el vulgo es malicioso,
	vidrio el honor, el Rey determinado,
	el Conde muy honrado,
	yo mujer temerosa, él impaciente,
	el riesgo grande, y tú, Señor, prudente
	y pues que mi desdicha te ha informado,
	veamos qué me aconseja tu cuidado.
Roberto	Tu relación me deja tan confuso,
	que ni el remedio ni la muerte excuso;
	pero al consejo vamos,
	y pues solos estamos,
	para curar mi honor y tu accidente,
	Oye.
Blanca	Señor...
Roberto	¿Te sientes inocente?
Blanca	No tanta puridad el Sol encierra.
Roberto	Enterrando al principio el fin se yerra;
	no te hablo como padre, como amigo;
	míralo bien.
Blanca	Que estoy sin culpa digo.
Roberto	Pues ¿qué intentas ahora?
Blanca	Que me ocultes

                en tu cuarto, Señor; que me sepultes
                donde airado mi esposo no te halle:
                Que me escondas, en fin.

Roberto   Tu lengua calle;
                no digas más, porque si aquí me dices
                que no hay riesgo en tu honor, te contradices,
                que es inútil la cura,
                si tu propia inocencia te asegura;
                y puesto que en tu honor no estás culpada,
                antes busca el suplicio de su espada,
                vuelve a tu esposo, porque así te abones,
                haz de las ansias tuyas corazones,
                que quien huye vestida de imprudencia,
                hace delito lo que fue inocencia.
                No es buena razón, no, que con tu huida
                olvides un amor por una vida,
                que aunque culpa tuvieras,
                animarte debieras;
                arrojada, sagaz, firme y prudente,
                saca, pues, lo que debes inocente.

Blanca   ¿Y si pierdo la vida?

Roberto   ¿Eso recelas?
                ¿Así cobardes méritos desvelas?
                La que es noble, y la que es de adversa suerte,
                la vida ha de temer, y no la muerte.

Blanca   ¿Y el vulgo no dirá voraz y fiero,
                que tuve alguna causa, pues que muero?

Roberto   ¿Y el vulgo no dirá, si eso advertiste,
                que tuviste delito, pues huiste?

Blanca   Y si yo...

Roberto   ¿Qué te turbas?

Blanca   He sentido
                rumor de gente.

Roberto   El Conde habrá venido.

(Sale Enrique.)

Enrique   No es el Conde, yo soy.

Roberto   ¿Quién?

Enrique   Yo, Roberto.

Roberto   Señor ¿pues qué intención? ¿qué desconcierto?

Enrique   Callad, Roberto, que mi amor me llama
                a venir a mirar por vuestra fama.

Roberto   ¡No os alcanzo, ni entiendo el pensamiento.

Enrique   Esa puerta cerrad, y estadme atento.

Roberto   Ya, Señor, he cerrado.

(Cierra la puerta.)

(Aparte.)   (¡Qué de cuidados es un gran cuidado!)

Blanca (Aparte.) (¡Qué de desdichas!)

Enrique (Aparte.) (¡Qué de confusiones!)
mi venida escuchad en dos razones
digo, que yo venía,
venía yo a correr esta mañana
esa margen de grana,
cuyo albergue de fieras
a un tiempo se divide en tres hileras,
pues sus rocas recelo
que sustentan la máquina del cielo,
siendo por otro lado
murallas donde topa el mar salado;
pero aqueste discurso me embaraza,
todo aquesto es decir que salía caza,
y quien se ha de vestir de suspensiones,
no se estorbe en prolijas digresiones,
y pues sobra al discurso lo elegante,
dejo el pintar y voy a lo importante.
Antes que el Sol privilegiase el día,
a esta quinta con cierto pensamiento
(que no importa al suceso) cuando siento
en los aires veloces,
de una mujer bien repetidas voces.
(Aparte.) (Disimular importa, que escondido
en la quinta he escuchado aqueste ruido.)
Lleguéme cerca, el alma cuidadosa,
y oigo, que el Conde airado con tu esposa,
su muerte pretendía,
y que ella sus enojos resistía;
despido de mi lado los criados,
del honor enemigos disfrazados,
y por ver si su enojo me responde,
desde el campo le digo: «¡Ah, Conde, ah, Conde!
(Aparte.) (Bien digo, que intentando provocarle,

de la quinta salí para llamarle
con la llave que guardo.) Y enojado
la respuesta me dio, bajando airado,
el alma viva y la color difunta,
—¿Quién eres tú, que llamas? —me pregunta.
Recato el rostro, y yo le digo: —Conde,
si a quien sois vuestra sangre corresponde,
pues que solo os obligo,
a esta ribera os retirad conmigo;
sígueme valeroso a la ribera,
que es madre de la verde primavera,
donde un cuidado y un ardid prevengo;
¿Tendréis valor —le dije— mientras vengo,
puesto que así os provoco,
para esperarme en esta selva un poco,
mientras despido aquí ciertos criados,
porque solo os declare mis cuidados?
—Nunca —me dijo entonces— me acobardo;
id, pues, a despedirlos, que aquí aguardo.
Yo, que esperar le veo,
hallando el claro puerto a mi deseo,
rodeando el monte a trechos guarnecido,
a la quinta a buscaros he venido,
por ver si doña Blanca ha peligrado;
y pues libre la he hallado,
y por mi causa al arrojarse fiero,
recató temeroso el limpio acero,
y pues me induzco, como en mí se advierte,
al cuidado del riesgo de su muerte,
y pues hallo frustrada su quimera,
vuelvo a buscar al Conde, que me espera.

Roberto   Idos presto, Señor.

Enrique   Cuando yo entraba,
                Cuatrín, criado suyo, le buscaba;
                y si le encuentra, es fuerza que le diga
                que entrar me vio; y ansí, pues que me obliga,
                mi valor a mirar por vuestra fama,
                y la opinión primero de una dama,
                voy a poner remedio a su desvelo.

(Llaman recio a una puerta de en medio.)

Roberto   Viváis mil años; pero, vive el cielo,
                que es el Conde, sin duda, que el criado
                habiéndole encontrado le ha avisado.

Condestable (Dentro.) Hola Silvia, Lisardo ¿qué es aquesto?
                ¿cómo está aquí cerrado?

Cuatrín (Dentro.)   Ábranos presto.

Condestable (Dentro.) Abrid, Roberto.

Blanca   ¡El alma tengo muerta!

Cuatrín (Dentro.)   Abran, o harase el paso de la puerta.

Roberto (Aparte.)   Ya voy a abrir. (El Conde llega ciego.)

Blanca   En tempestades de inquietud me anego.

Roberto   Vete, Blanca.

(Vase Blanca.)

Enrique   Entre pues.

Roberto   No corresponde
Vuestra Alteza a mi amor, si no se esconde.

Enrique   ¿Pues yo me he de esconder?

Roberto   Vos sois prudente,
evitad el mayor inconveniente.
Y pues que me debéis reconocido
mercedes que, decís por paga os pido,
(porque a mi fama mire)
que tu Alteza a mi cuarto se retire,
mirad que el Conde viene cuidadoso,
y aunque es discreto puede ser celoso.

Enrique   No quisiera faltar a mi grandeza.

Roberto   por mi amor lo suplico a vuestra Alteza

Enrique   pues si así a lo que debo correspondo,
por vos, por Blanca y por su honor me escondo.

(Escóndese Enrique en el cuarto de Roberto y él abre la puerta.)

(Salen el Conde y Cuatrín.)

Cuatrín   Digo que le he visto entrar.

Condestable   Quitarle intento la vida.

Roberto   ¿Dónde vas? detén el paso.
¿Qué intento te precipita?

Condestable   Un hombre vengo a buscar,

        que en esa margen florida,
que siendo madre del alba
sus aljófares abriga,
dejándome asegurado
esta noche, desta quinta
me sacó; mas no te importa
saber las desdichas mías,
de la quinta me ha llevado,
y sé que a la quinta misma
se ha vuelto otra vez, y vengo...

Roberto   ¿Qué sueñas o qué imaginas?
¿Hombre aquí? ¿quién te ha engañado?

Condestable   Aunque a la defensa aspiras
he de entrar, viven los cielos,
a vencer mis fantasías,
que cuando puedo valiente
deshacer aqueste enigma,
es negarme a lo dudoso,
especie de cobardía.

Roberto   ¿Mi honor, Conde, no es el tuyo?

Condestable   Es verdad.

Roberto   Pues imagina
que yo mismo te ayudara
y que aquestas canas mías
fueran espadas de honor,
nobles siempre y siempre limpias;
luego si te desengaño,
ni agora tu honor peligra,
ni nadie en la quinta ha entrado

                    ni yo te lo encubriría,
                    cuando tu misma deshonra
                    viene a ser deshonra mía.

Condestable   Dices bien. ¿Cuatrín, qué has dicho?

Cuatrín   Aquesas dos cuadras mira,
                    y si dentro no estuviere,
                    con abanico de encina
                    permito que me hagas aire
                    de los hombros a la cinta.

Condestable   Aunque es verdad lo que dices,
                    oye antes que me corrijas;
                    o él está dentro o no está;
                    si está dentro ya es precisa
                    obligación con mi enojo
                    quitarle la infame vida,
                    y si no está, ¿qué te importa
                    que examine con la vista
                    desengaños de los ojos?
                    Porque si de cortesía
                    me voy, y te creo agora,
                    vivirá el alma indecisa
                    con aparentes engaños,
                    neutralmente discursiva,
                    dudando si ser pudieron
                    verdades las fantasías;
                    y ansí, esté dentro o no esté,
                    examinando esta quinta
                    se consigue mi deseo;
                    si le hallo aquí se acredita
                    con mi agravio su castigo,
                    si no le hallo se averiguan

| | los desengaños de honor;
perdonen, pues, tus porfías
que he de buscarme yo mismo
la salida a mis desdichas,
si hallándole hallo su muerte
y no hallándole mi vida. |
|---|---|
| Roberto | El Conde tiene razón,
en qué de aprietos peligra
un sentido corazón
y una lealtad bien nacida;
tres cuidados, tres sospechas,
en tres materias distintas
me aprietan en este caso, |

(Hablen en tanto Cuatrín y el Conde.)

                    aquí con razón me obliga
                    el Conde a mirar su causa,
                    y tanto más, cuanto impida
                    su entrada, tanto más él
                    airado y noble se incita;
                    pues dejarle que al Rey vea,
                    siendo yo la causa misma
                    de que el Rey esté escondido,
                    viene a ser alevosía,
                    puesto que falto a mí Rey,
                    y Blanca también peligra;
                    con la sospecha de hallarle
                    si lo impide la malicia
                    queda de parte del Conde;
                    pues ¿qué remedio hallaría
                    para cumplir con el Rey,
                    con el Conde y con mi hija?

                  ¿Qué he de hacer? ¡válgame el cielo!
                  Mas ya la industria imagina
                  un remedio para todo,
                  puesto que él a entrar se anima;
                  yo le quiero consentir,
                  que es forzoso, si acredita
                  contingencias de su honor,
                  que en la cuadra de mi hija
                  entre primero, pensando
                  que oculto en ella se libra
                  el que entró en la quinta huyendo;
                  yo, mientras su cuadra mira,
                  sacaré al Rey de mi cuarto;
                  él, que saber solicita
                  quién ha entrado, cuando salga
                  desta pieza hasta la mía,
                  no hallando al Rey en mi cuadra,
                  vencerá sus fantasías;
                  Blanca queda con honor,
                  el Rey fuera, yo con vida;
                  él contento, Blanca alegre,
                  y, en fin, con una acción misma
                  habré conseguido iguales
                  tres contentos y tres dichas.
                  Cuatrín, vete tú allá fuera.

Cuatrín   Basta que tú me lo digas.
(Aparte.)   (Para irme afuera, y allá
                  detrás de aquesta cortina
                  he de escuchar cuánto pasa,
                  puesto que no cumpliría
                  con la ley de buen criado
                  quien no escucha, parla y mira.)

(Escóndese.)

Roberto Conde, tú tienes razón,
ésas piezas averigua,
examina tus criados.

Condestable Desta manera me obligas,

(Va a entrar por la puerta que entró Blanca y detiénese.)

                  ésta quiero ver primero;
(Aparte.)   entro, pues. (Una malicia
se me ha ofrecido al discurso;
¿no puede ser (sí podría),
que este hombre no esté escondido
en mi cuarto, y mientras mira
mi indignación los retretes,
Roberto, que ahora aspira
a libertarle, le saque,
y mi intención vengativa
no venga a surtir efecto?
¿Pues qué remedio tendría
para saber dónde está?
si entro a su cuadra, la misma
duda del mal queda en pie,
pues que también de la mía
podrá sacarle mejor.
¿Cómo haría, cómo haría,
para mirarlas entrambas,
de modo que no me impida
la entrada desta a la otra,
ni esta a esotra me resista?
En grande empeño me hallo;
pero en la puerta se mira,

    si no me engaño, la llave
    puesta en la cerraja misma;
    bueno, cerraré esta cuadra,
    y ansí tendré prevenida,
    en viendo la de Roberto,
    ésta también.)

(Cierra la puerta de Blanca con llave.)

Roberto (Aparte.)   (O la vista
    miente a los ojos, o cierra.
    ¿Si ha entendido mi malicia,
    y viene a ver esta cuadra?
    ¿Quién se vio en mayor fatiga?
    vive Dios que me ha entendido.)

Condestable Cerrada está.

(Encerrando va a entrar a la cuadra de Roberto.)

Roberto   No prosigas
    los pasos, que ya esta causa
    está de la razón mía;
    hombre que esa cuadra cierra
    y hombre que no se confía
    de su sangre, razón es
    que sus intentos te impida.

Condestable Yo he de entrar.

Roberto   Mira, repara
    que a mi cuidado te destinas,
    y que te ha de haber pesado
    de entrar dentro.

Condestable   Más me irritas,
                que estudia para cobarde
                quien el peligro imagina.

Roberto   Mira otra vez...

Condestable   ¡Vive el cielo...

(Quiero entrar por fuerza y sale Enrique.)

Enrique   Pues no entréis.

Roberto   ¡Hay tal desdicha!

Condestable   Señor, vuestra Majestad...

(Sale Cuatrín.)

Cuatrín   Yo tomara a espaldas vistas
                doscientos de buen concierto
                por soplón o por malilla.

Enrique   Contaraos cuidado el verme.
                sabed que tuve noticia
                que a mi hermano desde ayer
                tenéis oculto en la quinta,
                y que viene a conjurar
                lo más noble de Sicilia
                por quitarme la corona,
                o a requerirme que admita
                a Rosaura, como manda
                el Rey por su regia firma;
                aquesta noche os llevé

a esa playa cristalina,
donde de las rotas naves
guarda túmulos de estillas
por venir a averiguarlo
sin que vuestro error lo impida;
volví, en fin, hallé a Roberto,
díjele mis fantasías,
allanome a aquestas cuadras,
no hallé a nadie, y ya salía;
atajáisteme los pasos
entre cuidadosas iras,
y llegastes a esta cuadra;
si Roberto os detenía,
es tan prudente Roberto
tan noble sangre te anima,
que aún no quería que vos
supiésedes mi venida,
o que tuve presunciones
que en vos quepa alevosía;
mas pues vos mismo queréis
ser de vos mismo homicida,
y cuando os buscáis los daños,
honores os solicita,
es bien que sepáis mi intento;
mirad que si se averigua
que mi hermano ha estado oculto
por vuestra causa en la quinta,
o que de vos ayudado
contra mi corona aspira,
que habéis de saber...

Condestable   ¡Señor!

Enrique   Que mi indignación castiga.

Condestable	Mire vuestra Majestad...
Enrique (Aparte.)	(Así disfrazo la herida
de mi ardiente corazón,
y pues Roberto me obliga,
noble siempre y siempre padre,
y pues que Blanca peligra
a pesar de mis pasiones
no he de volver a la quinta.)
Venid, Roberto.
Condestable	Si acaso
alguna lengua atrevida
contra mi honor, contra vos
afectos de culpa indicia,
¡Vive el cielo!
Enrique	Ser leal
es la mayor valentía.
(Vase.)	
Roberto	No pudo haber otro medio
en tan confusas enigmas.
(Vase.)	
Condestable	¡Hay caso más prodigioso!
¡Sospecha tan indecisa!
¡Tan neutrales apariencias!
¡Confusiones tan distintas!
Sí porque su hermano siempre
me quiere, admite y estima,

                            aun antes que fuiste rey,
                            a intentar se precipita
                            presunciones de mi agravio,
                            y de mi lealtad malicias,
                            camino de razón lleva.
                            Que haber venido a la quinta
                            tantas veces, es cuidado
                            en que sus indicios libra;
                            ya quiero ver a mi Blanca,
                            que en mi pecho se eterniza,
                            a pesar de viles celos,
                            hermosamente divina;
                            busco, en efeto, mi esposa;
                            parece o miente la vista
                            que aquesta rota pared
                            se está moviendo en sí misma;
                            vive el cielo que la abren
                            por de dentro, y que es de Silvia
                            aquel brazo, y es sin duda
                            que estaba dentro escondida
(Retírase.)   cuando yo entré hacia esta parte.
                            Mi honor sus cuidados libra;
                            escuchar y ver intento
                            (¡oh gracias a mi desdicha!)
                            que la duda es evidencia,
                            y la apariencia noticia.

(Escóndese.)

(Sale Silvia por el tabique, con un papel en la mano.)

Silvia   Desde las rejas que salen
                            a esa campaña florida,
                            donde la divina aurora

copos de perlas graniza,
vimos mi Señora y yo
que alguna gente salía;
sin duda era el Rey, y el Conde,
y Roberto, y así envía
mi Señora este papel
al Rey; con él imagina
hallar medio a sus dolores,
suspensión a sus fatigas;
y como todas las puertas
nos han cerrado, me obliga
el ver que salir no puedo
a abrir la pared rompida
para buscar a Cuatrín,
puesto que de mí confía
mi ama con sus secretos
los peligros de su vida;
Cuatrín le ha de dar al Rey,
quiero ver si le hallaría
en esta cuadra, antes que
mi Señor vuelva a la quinta.

(Vase.)

Condestable   ¡Viose mayor confusión!
¿Qué encanto de mis antojos,
qué prodigio de los ojos
me suspende la razón?
Porque más confuso quedo,
la pared está rompida,
y con arte dividida,
tan nuevo, que abrirse puede.
¡Quién ha visto asombro tal!
¡Quién tan gran desdicha! ¡Quién

halla la salida al bien
por el camino del mal!
que ha llegado el desengaño,
infeliz discurso, ved,
pues me dice esta pared
los enigmas de mi engaño;
la primer noche, a mi esposa
a escuras nombrar oí,
ella huyó anoche de aquí
de mi enojo temerosa;
el Rey con ella vivió,
el amor es natural,
de antes mucho es este mal,
aunque ahora le sé yo;
¡oh mal donde ley no cabe!
Pues el dueño es evidente,
que es quien primero lo siente
y el último que lo sabe.
Hoy mi desdicha publique
mi daño en mi vituperio,
que no se hizo sin misterio
romper aqueste tabique.
¿Adónde hay pena que iguale
tantos cuidados de un daño?
Mas pienso, si no me engaño,
que es Cuatrín éste que sale.

(Sale Cuatrín, con el papel.)

Cuatrín   Silvia ahora me ha mandado
que al Rey lleve este papel
de mi Señora, que en él
vida y honor ha librado;
paciencia el cielo me preste,

	porque si a Palermo parto no doy por mi vida un cuarto.
Condestable	Tente, ¿qué papel es éste?
Cuatrín	¡Ay Dios! ya llegó mi día.
Condestable	Suelta, si vivir deseas.
Cuatrín	Aguárdate, no le leas, porque es una obrilla mía, en que he estado divertido, de la ociosidad desvelo.
Condestable	Matarete, vive el cielo.
Cuatrín	yo lo doy por recibido; tómale, y tú lo verás.
Condestable	La oblea despegar quiero, pues que aún no está seca infiero.
Cuatrín	Yo me escapo.
Condestable	¿Dónde vas?
Cuatrín	A proveer al Consejo de la Cámara, en razón de un miedo una petición.
Condestable	Vive el cielo...
Cuatrín	Ya lo dejo; pero te advierto, Señor,

>   que no ha de poderío hacer,
>   aunque lleve mi poder
>   por mí mi procurador.

(Abre el papel y, sin romper la nema, desplégala.)

Condestable (Lee.) «Por tomar venganza de mí misma, y dar pesadumbre a vuestra Majestad, me casé; quedo encerrada, y temiendo un gran riesgo por las venidas de vuestra Majestad a esta quinta, los consejos de mi padre son muy contra mi vida, y la estimo mucho, por lo que tuvo un tiempo de no ser mía; si como dice la estima, vendrá al punto, que yo le espero cuidadosa, para conferir el modo de asegurar a mi esposo, aunque no parece posible. Doña Blanca.»

>   ¿Por vengarse del amor
>   del Rey se casó conmigo?
>   ¡Oh papel, fiero testigo
>   en la causa de mi honor!
>   La industria he de prevenir
>   y el papel he de cerrar
>   y dejarésele llevar,
>   que si el Rey ha de venir
>   como en él mismo se advierte,
>   así hallará prevenida
>   del deshonor de una vida
>   la más cautelosa muerte;

(Torna a pegar la oblea.)

>   llevar puedes el papel,
>   que importa a nuestro sosiego,
>   y al Rey has de darle luego.

Cuatrín	Aunque soy criado fiel, / nada a tu gusto me impida, / pues siempre tu esclavo he sido.
Condestable	No digas que te he leído, / que te quitaré la vida, / Cuatrín.
Cuatrín	Señor, ¿qué me quieres?
Condestable	pues tanto llego a fiarte, / si vienes presto, he de darte / un vestido, el que quisieres.
Cuatrín	Si un vestido me aseguras / hecho y derecho, me ahorro / las entretelas y aforro, / los sastres y las hechuras.

(Vase.)

Condestable ¿Y a qué tengo que esperar?
¿En qué discurro? ¿qué espero
Puesto que aquello más muero
que tardo en considerar;
a obrar, corazón, a obrar
os llama aqueste accidente,
cobarde es quien es valiente
en los casos del honor,
pues quien dilata el rigor
o los duda o los consiente;
brazo, ya arrojarte puedes,
pues porque a mi ofensa apoyen,

si a otros las paredes oyen,
a mí me hablan las paredes;
ya que osado no te excedes
debes arrojarte fiero;
pues de las causas infiero
por imposible a mi vida,
ver una pared rompida,
y hallar un honor entero;
es mi mal tan mi enemigo,
tan mi contraria
que si no la doy la muerte
no vengo a cumplir conmigo;
no solo indicio, testigo
es un papel, declarado,
y si al Rey oculto he hallado,
¿qué más pretendo saber?
¡Ah, cuánto ha de comprender
el que ha de vivir honrado!
Pero yo ¿por qué me empleo
a la venganza que aspiro,
si aunque los indicios miro,
los delitos nunca veo?
Pero si mi honor deseo,
su muerte debo emprender,
que así no viniera a ver
quién vengara su deshonra,
que delitos de la honra
jamás se llegan a ver;
la venganza en que me fundo
no diré cómo ha de ser;
mas mi cautela ha de ver
el Rey, Sicilia y el mundo;
ea, brazo sin segundo,
ea, noble sentimiento,

que pues el fuego que aliento
al suplicio se abalanza,
ha de nacer mi venganza
de lo que fue el instrumento,
Blanca misma lo escribió,
arrojada y temerosa,
que por vengarse celosa
conmigo se desposó.
Esto ¿no lo he visto yo?
Sí; pues quiso casarse
por vengarse o injuriarse
del Rey, que mi honor molesta,
presto verá cuánto cuesta
el casarse por vengarse.

(Vase.) (Sale Blanca.) Quien vive de solo un mal,
¡en qué de cuidados muere!
quien de muchos males vive,
¡que dello anima su muerte!
No hay bien como muchos males,
porque un mal solo es de suerte
que por ser uno no más,
solo a aquél el alma atiende;
pero el alma en muchos males
se consuela o se divierte.
¿Si habrá recibido el Rey
el papel? ¡Oh si viniese!
porque con una cautela
que he prevenido, ser puede
que asegure mi esposo.
¿Qué será (¡ay Dios!) que me encierre
el Conde? ¿qué habrá pasado?
Allá fuera todo tiene
misterios que yo no alcanzo;
mas aliente el alma, aliente,

                          ni me apresure el cuidado,
                          ni el fracaso me atropelle:
                          Quien muere antes de morir
                          no se ha de llamar valiente,
                          valeroso aquél se llama
                          que aún cuando muere no muere;
                          quien se casa por vengarse,
                          ¡qué de veces se arrepiente!,
                          porque el enojo se acaba,
                          y el agravio vive siempre.

(Sale el Condestable.)

Condestable   Mientras que Blanca, mi esposa,
                          ha estado en este retrete,
                          he abierto las puertas todas,
                          y dispuesto en tiempo breve
                          con su venganza mi dicha
                          y en mi cautela su muerte,
                          y ya el tabique he mirado.

Blanca (Aparte.)   (Mi esposo ¡ay cielos! es éste.)
                          ¿Dueño y señor?

Condestable   ¿Doña Blanca?

Blanca (Aparte.)   (Fingir aquí me conviene.)
                          ¿Qué tienes que tan suspenso,
                          y tan indeciso siempre,
                          ni me hablas ni me miras?
                          ¿Pues que ni mi amor te debe
                          efectos de amor fingidos,
                          o cumplimientos corteses?

Condestable	Es tanto el fuego que guardo,
	como en el alma se enciende,
	que desatado en mis males,
	si decirte pretendiese
	sola una de tantas penas,
	es su fuego de tal suerte,
	que una no puedo enseñarte,
	sin que las demás te enseñe,
	solo te digo, Señora,
(Aparte.)	(A fingir mi pecho empiece.)
	que en tu memoria me ocupo,
	que en ti el alma se suspende,
	que solo anhela por ti,
	por ti vive y por ti muere.
Blanca	Pues yo por solo tu causa
	vivo en aqueste accidente,
	por ti no acierto a vivir.
(Aparte.)	(Bien digo, que si no fuese
	por él pienso que viviera.)
Condestable	¿Tanto, en efeto, me quieres?
Blanca	Esta llama en que suspiro
	de solo tu amor procede.
Condestable (Aparte.)	(Agora es buena ocasión.)
	¡Ay, Blanca, y quién te dijese...
Blanca	Acaba, dime tus males.
Condestable	Que el Rey, Blanca, que el Rey quiere,
	no sé como no lo sienta...

Blanca	No mueras de tantas veces, di tus desdichas.
Condestable	Enviarme a la guerra porque esfuerce el ejército que junta; porque su hermano rebelde aspirar a su corona soberbiamente pretende, no sé qué remedio tomo para que Enrique me deje ser águila que en tus rayos o me suspenda o me lleve, ¿qué haré yo para no ir?
Blanca	Di que indispuesto te sientes.
Condestable	No, Blanca, si hay algún medio para que me quede, es éste.
(Aparte.)	(¡Qué bien mi intención se traza!) Mira, siempre las mujeres que intercedan se permite, por sus dueños a los reyes; tú has de hacerme un gusto ahora.
Blanca	¿Qué me ordenas?
Condestable	Un billete has de escribir de tu parte, pidiendo al Rey que te deje a tu marido.
Blanca	Muy bien.

Condestable	Sobre un pequeño bufete tengo prevenido allí uno de mi letra, y puedes trasladarle de la tuya, para que Cuatrín le lleve, que con solo trasladarlo, Blanca mía, es evidente que viéndole el rey Enrique ha de mandar que me quede,
Blanca (Aparte.)	pues yo voy. (¡Oh qué ocasión tan buena si yo quisiese pedir al Rey lo contrario mas es fuerza obedecerle.) Mucho le debo a tu amor.
Condestable	Si alcanzas lo que me debes.
Blanca (Aparte.)	(Aún no estoy asegurada: No sé qué recelos siente el corazón; mas ¿qué riesgo en un papel haber puede?)
Condestable (Aparte.)	(Ella a su muerte camina.)
Blanca (Aparte.)	(El amante me convence.) ¿Estás sin enojo ya?
Condestable (Aparte.)	Nuestras paces se conserven con mis brazos. (Que han de ser los últimos que te diere.)
Blanca	Bastantemente te adoro.

Condestable	Adórote tiernamente.
Blanca	¿Has de volver a enojarte?
Condestable	De hoy más no hay en qué sospeche, hoy se han de acabar mis penas.
Blanca	Hoy se ha de trocar mi suerte. ¿Me esperas?
Condestable	Aquí te aguardo.
Blanca	Pues yo voy a obedecerte.

(Vase.)

Condestable	Todo como deseaba ha sucedido: Ella misma a su muerte se ha inducido; parece que me siento con menos pena, no con más aliento; el tabique rompido cuidadoso he mirado y advertido: por la parte de en medio es de madera, y parece pared por la de fuera, con tan extraño arte, que se une por aquesta y la otra parte; para un marido hay males tan extraños, pues hasta en las paredes hay engaños; yo quiero ver si acaso está sentada a escribir el papel, que si obligada

(Asómase al paño a mirar si escribe.)

de mi amor obediencias apercibe,

sobre su misma sepultura escribe.

(Sale Cuatrín.)

Cuatrín   De peña en peña, y no de rama en rama,
                   por mi vestido, más que por mi fama,
                   lo que hay de aquí a Palermo he sincopado,
                   que esto es hablar de culto o de menguado.
                   ¿Dónde mi amo estará, que no parece?
                   Asombro cuanto miro me parece;
                   sin duda a algún intento está cerrado.
                   ¡Miserable el que llega a ser casado!

Condestable   ¡Oh si ya el Rey viniera,
                   porque el castigo en mi deshonra viera!
                   ¡Oh si Cuatrín hubiera ya venido!

Cuatrín   Cuatrín está ya aquí por su vestido.

Condestable   Según eso, Cuatrín, ¿no has olvidado
                   dar el papel al Rey, que te he mandado?
                   ¿Previene el Rey venir? dilo.

Cuatrín   Previene.

Condestable   ¿Viene la Reina?

Cuatrín   No.

Condestable   ¿Y Enrique?

Cuatrín   Viene,
                   y sin duda han llegado,
                   que en el zaguán Roberto se ha apeado,

                y voy a fuera a prevenir la entrada,
                pues la puerta del cuarto está cerrada;
                y pues que te he servido,
                yo volveré después por mi vestido.

(Vase.)

Condestable   Ahora, pues, osado pensamiento,
                ahora, pues, impulsos de mi aliento,
                llegue la ejecución a la esperanza,
                exceda a mi cautela mi venganza;
                si hubiere alguno de alma tal piadosa
                que culpare la muerte de mi esposa,
                mire él allá consigo
                si estos indicios bastan al castigo,
                que si con atención los reparare
                raro ha de ser aquél que me culpare
                que estos delitos el que honor repara,
                nunca llegan a verse cara a cara;
                y así, al que me culpa habré advertido,
                no que es piadoso, sino que es sufrido;
                ¿Blanca no está escribiendo
                junto aquesta pared? ¿Yo no pretendo,
                teniéndola en el aire prevenida,
                que por feudo al honor pague una vida?
                ¿Yo la causa no he sido
                de que el Rey a la quinta haya venido,
                para ver mi venganza y mi cautela?
                ¿Qué me detiene, pues, qué me desvela?
                ¿Esta pared no derribó mi honra?
                ¿No fue instrumento vil de mi deshonra?
                Pues porque sirva al mundo de escarmiento
                sea el castigo de que fue instrumento,
                porque desta manera

                        viva mi fama y mi deshonra muera.

(Derriba el tabique entero a la parte de adentro con cuadros de pintura.)

Blanca (Dentro.)   ¡El cielo me salga! ¡esposo!
                        ¿Hola, Cuatrín, Silvia, padre?

Condestable (Aparte.)   (Morirás, viven los cielos,
                        si no bajan a ayudarte
                        piadosamente divinos
                        espíritus celestiales;
                        esto presumo que basta;
                        fingir aquí es importante.)
                        ¿Hola, criados, Roberto,
                        criados? ¡Ah, miserable
                        esposa! ¡Triste de mí!

(Sale Roberto.)

Roberto   Hijo, ¿qué es esto?

Condestable   No caben
                        en el pecho mis fatigas,
                        ni en mis palabras mis males.
                        ¡Ay de mí!

(Sale Enrique y todos.)

Enrique   Conde, ¿qué es esto?

Condestable   Ilustre Rey, así ganes
                        del valor que te engrandece,
                        voz a la fama constante,
                        que te merezca atenciones,

que te merezca piedades,
que oigas, en efecto, pido
el suceso más notable
que alumbra el cuarto planeta
desde el solio de diamante.
Mi esposa en esotra cuadra,
(¡qué de penas me combaten!)
Estando escribiendo (¡ay cielos!)
un papel para su padre,
sin saber de qué manera,
o por antigua o por frágil,
se cayó aquesta pared
sobre su rostro, tan grave
que al paso que la ha oprimido
se ha traducido cadáver;
yo no sé desta pared
algún secreto, algún arte
tenla que yo dudaba;
llegad todos a ayudarme,
alcemos esta pared,

(Alzan la pared; vese debajo Blanca, muerta, y el recado de escribir caído allí junto.)

no vuestra piedad me falte.
¡Ay Blanca mía, ay mi prenda!
¿Tú el rostro bañado en sangre?
¿Cenizas tus azucenas,
y jazmines tus granates?
Pero aunque lirio traduces
esos divinos cristales,
cuanto mueres a mis ojos
tanto en el alma renaces.
Cubrid aquese portento,

(Cúbrenla.)	ese asombro, aquese ultraje
de mi vida, de mi amor,
porque siquiera descanse
la vista, puesto que más
forzada el alma te agrave;
y vos tened compasión
señor, de mi amor, pues antes
vino a ser gozar su muerte,
que sus luceros gozase.
Enrique (Aparte.)	(¡La pared que fue instrumento
ser castigo miserable!
Enviarme Blanca a llamar,
¿qué más forzosos señales
de que el Conde la haya muerto?
Y aunque es razón castigarle
es fuerza disimular
por su honor y por su padre
y supuesto que por Blanca
tan poco en vida mirase,
en la muerte ha de ser cuerdo
el que fue en la vida amante,
que el tiempo dará ocasión
de vengarla y de vengarme.
¡Qué bien temía este suceso!)
Conde, las ansias mortales
(Aparte.)	reprimid. (¡Oh lo qué cuesta
el casarse por vengarse!)
Condestable	Ansí vivirá mi fama.
Roberto	¡Qué bien recelé estos males!
Cuatrín	Y ansí tendrá fin dichoso

el Casarse por vengarse;
quien tuviere sobre un verso
dos vítores que prestarle,
se los pagará el poeta
cuando otra comedia traco.

Fin de la comedia

Libros a la carta

A la carta es un servicio especializado para
empresas,
librerías,
bibliotecas,
editoriales
y centros de enseñanza;
y permite confeccionar libros que, por su formato y concepción, sirven a los propósitos más específicos de estas instituciones.
Las empresas nos encargan ediciones personalizadas para marketing editorial o para regalos institucionales. Y los interesados solicitan, a título personal, ediciones antiguas, o no disponibles en el mercado; y las acompañan con notas y comentarios críticos.
Las ediciones tienen como apoyo un libro de estilo con todo tipo de referencias sobre los criterios de tratamiento tipográfico aplicados a nuestros libros que puede ser consultado en Linkgua-ediciones.com.
Linkgua edita por encargo diferentes versiones de una misma obra con distintos tratamientos ortotipográficos (actualizaciones de carácter divulgativo de un clásico, o versiones estrictamente fieles a la edición original de referencia).
Este servicio de ediciones a la carta le permitirá, si usted se dedica a la enseñanza, tener una forma de hacer pública su interpretación de un texto y, sobre una versión digitalizada «base», usted podrá introducir interpretaciones del texto fuente. Es un tópico que los profesores denuncien en clase los desmanes de una edición, o vayan comentando errores de interpretación de un texto y esta es una solución útil a esa necesidad del mundo académico.
Asimismo publicamos de manera sistemática, en un mismo catálogo, tesis doctorales y actas de congresos académicos, que son distribuidas a través de nuestra Web.
El servicio de «Libros a la carta» funciona de dos formas.
1. Tenemos un fondo de libros digitalizados que usted puede personalizar en tiradas de al menos cinco ejemplares. Estas personalizaciones pueden ser de todo tipo: añadir notas de clase para uso de un grupo de estudiantes,

introducir logos corporativos para uso con fines de marketing empresarial, etc. etc.
2. Buscamos libros descatalogados de otras editoriales y los reeditamos en tiradas cortas a petición de un cliente.

www.ingramcontent.com/pod-product-compliance
Lightning Source LLC
LaVergne TN
LVHW041255080426
835510LV00009B/750